中国儿童全效成长攻略 3-4岁

跨 越 成 长

中国（0-6岁）儿童成长指标体系

8+1儿童成长模式

北京师范大学教育学部·芝兰玉树教育研究院
《中国（0-6岁）儿童成长指标体系》科研项目组 编著
杨 威 总策划 朱文英 主编

四川教育出版社

图书在版编目（CIP）数据

中国儿童全效成长攻略. 3~4岁：跨越成长 / 北京师范大学
教育学部·芝兰玉树教育研究院，《中国（0-6岁）儿童成
长指标体系》科研项目组编著. —成都：四川教育出版社，
2014.3

ISBN 978-7-5408-6414-9

Ⅰ.①中… Ⅱ.①北… ②中… Ⅲ.①学前教育—教学参
考资料 Ⅳ.①G613

中国版本图书馆CIP数据核字（2014）第038670号

责任编辑　　伍登富
封面设计　　魏雨曦
内文设计　　武　韵
插画设计　　贝瓦糖果工作室
出版发行　　四川教育出版社
　　　　　　地　　址　成都市槐树街2号
　　　　　　邮政编码　610031
　　　　　　网　　址　www.chuanjiaoshe.com
印　　刷　　四川大学印刷厂
制　　作　　四川胜翔数码印务设计有限公司
版　　次　　2014年5月第1版
印　　次　　2014年5月第1次印刷
成品规格　　170mm×235mm
印　　张　　13.5　插　页　10
定　　价　　43.00元

如发现印装质量问题，请与本社调换。电话：（028）86259359
营销电话：（028）86259477　　　邮购电话：（028）86259694
编辑部电话：（028）86259381

芝兰玉树教育研究院　www.zlysedu.org
贝瓦网　www.beva.com
北京芝兰玉树科技有限公司　www.slanissue.com
版权所有：北京芝兰玉树科技有限公司

总策划 杨威（Alvin）

芝兰玉树集团 董事长、首席执行官
芝兰玉树教育研究院 总院长
"贝瓦"品牌创始人

　　"中国梦"的实现，中华民族的伟大复兴，需要依靠一代又一代的人，而人的进步来自于教育，教育的起点在于学前。

主编 朱文英（Judy）

芝兰玉树教育研究院 执行院长

　　人生百年，立于幼学。
植树要植松柏，育人要育英才。

儿童造梦师

杨威　　Alvin

小时候，
有一位白发老爷爷，
送给我一颗种子。
他告诉我，
这是一颗梦的种子，
只要和伙伴一起，
用爱种下，
用心呵护，
就能收获一个梦。

于是，
我和伙伴们，
共同将这颗种子种下，
并将梦与爱埋在土中，
用心呵护。
我们都在憧憬与猜想：
也许，它会变成典雅的兰花，
也许，它能长成参天的翠树。

随着种子的成长，
伙伴们也在长大。
品尝了苦乐酸甜，
读懂了离合悲欢。
而我们，却一直在守望，
守望着那份希望，那份梦想。

这一刻，它将破土，
去享受阳光雨露，
去迎接狂风暴雨。
也或者，我们等不来什么……
但你我都知道，
无论是否有丰硕的果实，
这份付出，这些回忆，
才是弥足珍贵。

我们共同守望：
有一天，
这里生长出的不仅是芝兰玉树，
更是无尽的思想、创造力，
以及五颜六色的梦。
我们要把数不尽的，蜂蜜般味道的种子……
传遍世界每个角落，
播种在每个孩子的心田。

在这里，
我们共同见证这个时代，
一个属于儿童造梦师的时代。

《中国儿童全效成长攻略》丛书

科研项目策划

顾定倩

北京师范大学教育学部副部长，教授、硕士生导师

张京彬

北京师范大学教育学部部长助理，博士、硕士生导师

杨　威

芝兰玉树集团　董事长、首席执行官
芝兰玉树教育研究院　总院长
"贝瓦"品牌创始人

主　编

朱文英

芝兰玉树教育研究院　执行院长

学术顾问委员会 ▬▬

霍力岩

北京师范大学教育学部　教授、博士生导师
学前教育研究所　所长

程方平

中国人民大学　教授、博士生导师
中国民主促进会中央教育委员会副主任
中国书法家协会会员

刘美凤

北京师范大学教育学部　教授、博士生导师
中国人工智能学会计算机教育专业委员会（全国CBE专业
委员会）副理事长
英国杂志 *British Journal of Educational Technology* 中国地区
通讯主编

朱莉琪

中国科学院心理研究所　研究员、博士生导师
中国心理学会发展心理专业委员会副主任
国际行为发展研究会（ISSBD）中国地区协调员

吴安春

中国教育科学研究院　研究员
全国教师教育学会学术委员
中国孔子学会理事

感谢曾李青先生和甘剑平先生，

　　对学龄前儿童教育伟大事业的热心支持与倾力帮助！

目 录

让中国的学前教育更为理性地发展

——评《中国（0—6岁）儿童成长指标体系》的编制与出版

程方平　中国人民大学教授、博士生导师

近年来，随着人们生活水平的提高和综合国力的增强，学前教育受到了全社会前所未有的关注。不仅呼吁学前教育进入"义务教育"范围的呼声巨大，而且社会上与学前教育相关的机构数量迅速增长，早教产品也大量涌现，但早教乱象也由此而生。我们注意到：早教产品五花八门、千姿百态、良莠不齐，有关幼儿教育的各种商业化误导此起彼伏、乘风造势，使广大的儿童家长越来越迷茫和紧张，不少学前教育机构也难有清晰的发展思路和原则坚守。

为了使中国的幼儿教育能从市场的乱象、目标的迷失、实践的困惑中理智地走出来，就必须有对幼儿教育基本价值、目标、领域、方法的了解和判断，了解人类发展至今，对幼儿教育应有的、最基本的理性和责任。

中国是文明历史悠久且富于教育智慧的国家，在5000多年的文明史中不乏儿童教育的思想与经验。面对当下在幼儿教育领域中的种种问题与困惑，面对外部世界的种种声音和诱惑，中国最有效的对策就是回归根本，认清实质问题，把握发展的关键，而不是随风飘忽、迷失自我。

记得从20世纪90年代开始，国内对幼儿教育的推动主要靠民间。一方面，80%以上的幼儿教育机构都是民办幼儿园，在幼儿教育的实践方面有过多方面的实践和许多创新的亮点；另一方面，幼儿教育的市场化和普惠性从不同方面推动着中国学前教育的发展，与各类学前教育需求相应的产品、服务层出不穷、良莠混杂，也使得广大儿童的家长莫衷一是、满心纠结。

在这样的大背景下，我在2010年认识了芝兰玉树团队的一批有识之士，并很认同他们在探索儿童教育方面的理念、设想与实践。他们的着眼点和做法不是消极地被市场左右与裹挟，进而忽略对儿童发展最重要的责任和使命；而是试图通过自己的真诚探索，为国人的儿童教育提供理智和可行的帮助。着手研究和编制《中国（0—6岁）儿童成长指标体系》（以下简称"指标体系"），便是他们看重的重要基础工作之一。

在进行多次研讨、咨询的同时，芝兰玉树团队的领导和骨干人员还多次到我所在的人民大学教育学院借书、访谈和讨论，对推进中国的幼儿教育进行了多方面深入务实的探讨。与此同时，他们也争取到北京师范大学、中国教育科学研究院、中国科学院等院校和科研机构的专家从多方面支持，并密切关注国际上和联合国教科文组织的相关思想与动态，力争使编制的"指标体系"既具有中国特色，又具有世界先进水平。可见，作为一个民间的教育企业，他们志存高远、立意高远的定位，使其发展模式不同凡响，他们的团队在同行业中也明显地具有潜在的巨大优势。

应该承认，当芝兰玉树最初提出要做"指标体系"时，我感到非常惊奇。因为，在我接触过的许多教育企业中，像他们这样有意识、有胆识和有担当的企业并不多见。即便是一些财力过人、实力强大、经过风浪的教育企业，有如此自我期待和思想追求的，也并不多见。

再从研究的角度看，尽管有些专家会担心，由某一公司牵头研究和编写出来的"指标体系"，内容可能不够专业，但我对此还是充满信心的。在与他们接触的三年多时间里，在与他们进行的多次交往中，我能真切地感觉到，他们的这一努力是真诚的、负责的、愿意付出和不计成本的，所以，编好"指标体系"他们是够条件的。而且，事实证明，他们有兼收并蓄、市场检验、了解需求等多方面一般学者不具备的优势，也可在一定程度上减少学科或学派偏见带来的问题。我认为，一项标准有无价值，有无科学性和可行性，关键不在于是由谁编制的，而在于编制者是否有科学的态度，是否有对客观规律的敬畏，是否有对教育的责任与使命意识。

这次由芝兰玉树推出的"指标体系"，内容框架建构的基础与内容结构设计比较合理。内容框架构建基础，主要涉及婴幼儿大脑与动作发展及其影响，儿童语言发展阶段特征，认知发展，情绪、个性和社会性发展，儿童发展关键期，了解儿童游戏、玩具与游戏材料，社会文化对儿童成长发展的影响等八大方面。"指标体系"具体内容包括：

1. 健康：全身动作与大动作、精细动作、人体认识与保护、安全意识与防护、心理健康、生活自理、食物与营养、卫生与健康行为。

2. 语言：语音声调、词汇与句子和语法、倾听和理解、说与交流、早期阅读、书面表达、文学欣赏。

3. 科学：物质科学、地球资源与环境、生物科学、宇宙的起源与演变、科学家与科学的历史、科学探究。

4. 数学：数的概念、集合与分类、几何图形、空间与时间、量的比较与自然测量、加减法运算、数据分析与概率和预测。

5. 社会：自我意识、社会认知、依恋发展、性别角色、亲社会行为、社会适应、社会行为技能。

6. 习惯：生活习惯、卫生与健康习惯、饮食习惯、运动习惯、理财习惯、文明的行为习惯、道德习惯、学习习惯。

7. 美术：色彩与形状感知、工具和材料、绘画、手工、装饰与美化、美术情绪体验与表达。

8. 音乐：听辨、歌唱、韵律、节奏、乐器、表演、音乐欣赏。

9. 综合：感知、探索、观察、问题与假设、收集并建构知识、信息组织与理解、问题解决、学习品质、媒体素养与信息技术。

从大体框架和内容来看，该"成长指标"不仅符合教育部曾经提出的原则和要点，与联合国教科文组织提出的一系列教育改革的重要思路相吻合，还有不少重要的补充，增加了"成长指标"的本土性、可行性、通俗性、大众性、普世性、实验性、整体的相关性与协调性。对此，在该"指标体系"的"制定说明"中，已有非常到位和明确的解释，其价值定位与方法和路径的选择，都是令人信服的，因而也容易唤起人们的共鸣，对中国当下和未来的幼儿教育产生积极和有益的影响。

当然，作为一种积极而有价值的尝试，"成长指标"的研制，还只能是重要的开端，而非不用质疑的育儿"圣经"或"宝典"。它不是可以照单抓药的"验方",却是可以参照和倚重的原则。比如,在强调学习国外的先进经验、技术、工具和思想的同时,特别强调中国传统和资源的重要性。在引导家庭、幼儿园、儿童、教师关注教育的新技术时,还要有意识地强调真实生活、社会环境、动手实践的重要作用。

当然,依据当下人类对儿童教育的基本认识和有限见解,该"成长指标"不可能十全十美、无懈可击,但以此为基础的各类探索,很可能会有超越前人和同行的潜质。加上芝兰玉树公司以及他们的团队还有反思、检验、修订的很多机会,有不断创新、务实求真的原则精神,相信这一开拓性的尝试会对他们的事业,以及当代中外幼儿教育的发展,产生巨大的推动作用。

"成长指标"的编制与出版,在某种程度上说明中国的幼儿教育已经在从盲目、混乱的状态逐渐走向务实与理智,而且作为非专门从事研究的企业,北京芝兰玉树科技有限公司在制定"成长指标"方面,不仅有着专业的敏感,也确实走在了前面。这说明,在未来的学习型社会的发展进程中,最能够把握行业标准、专业精神和时代需求的一方,不一定只局限于正规的教育与科研机构,也不一定只局限于政府的主管机构,很可能就是企业或非政府组织。

鉴于以上种种理由,我认为北京芝兰玉树科技有限公司所做的这一幼儿教育"成长指标",以及该指标的精心研制和及时出版,在当下中国的幼儿教育领域,是很值得关注与借鉴的。我也希望这一"成长指标"的研制与推广能与中国的幼儿教育事业、与人们不断增长和变化的幼儿教育需求息息相关、相得益彰,并且与时俱进、不断完善。

拥抱朝阳，爱在用心中演绎

杨威

芝兰玉树集团　董事长、首席执行官

芝兰玉树教育研究院　总院长

"贝瓦"品牌创始人

朱文英

芝兰玉树教育研究院　执行院长

儿童是早晨的太阳，注定要冉冉升起，温暖世界。儿童是希望，儿童是未来，儿童是几十年后我们赖以生存的这个世界的中流砥柱。因此，当前我们以什么样的理念培养儿童，以什么样的方式教育儿童，就决定了几十年后这个世界发展的方向、模式与结果。从这个逻辑来讲，为儿童的学习与成长提供服务的任何事情，都具有影响未来社会发展走向的重要意义，都承担着无比重要的责任。

当我们决定投身于为儿童的学习与成长提供服务的事业时，我们开始承担起那份无比重要的责任——对儿童的责任、对家庭的责任、对社会的责任。清晰地认识那份责任，勇敢地承担起责任，以智慧的方式履行责任，是我们对自己坚定不移的要求，也是我们快速行动的方向指针，更是我们检验自己行动是否有效的重要标准之一。在这个过程中，"有爱""用心"自然而然成为我们的信念，指引我们每一个行动，激励我们去迎接一个又一个挑战。

服务于儿童学习与成长的事业，是朝阳般绚烂的，是能够深度激发人们的激情与希望的。我们理想的蓝图是宏大的，愿景是无比美好的。当然，我们也清晰地认识到，理想与愿景的实现，需要靠脚踏实地一步一个脚印的努力。我们要做的事情很多，首要让自己在所提供的服务领域中，变得越来越专业，变得越来越有能力，越来越有担当。那么，对我们来说，了解儿童与家长的需求、深刻认识儿童发展阶段特征、科学把握各个不同年龄段儿童的成长目标，就成为非常必要而且重要的基础性工作。

在当前的中国，家长越来越重视儿童的早期教育和智力投资，期待高品质的、适用的儿童学习产品与服务。在广泛、深入地调研儿童与家长需求以及市场现状的过程中，我们了解到，学龄前儿童学习产品，虽然种类繁多，但质量水平却良莠不齐。家长和教育工作者面对琳琅满目的商品和名目繁多的服务种类，常常感觉困惑、迷茫、难以取舍、无所适从。

我们自身发展的刚性需求，服务对象的多样困惑，以及市场非理性发展竞争的残酷现状，让我们深刻地认识到，中国需要一个科学、合理，具有公信力的有关儿童成长与发展的规范（标准），并用以指导学前教育产品与服务的提供者、实践者，科学地进行儿童学习产品研发、服务系统设计；支持家长和教育工作者，理性地为儿童选择适用的学习产品与服务；促进家庭、学校与社会，协同构建有利于儿童健康成长的学习与发展环境。

为了给中国儿童早期教育事业发展提供一个具有一定专业视野的参照，帮助那些爱孩子、关注孩子成长与教育的家长和教育工作者了解和掌握儿童发展阶段性特征、各个阶段的成长目标、实现目标的方法与策略，我们汇聚北京师范大学、中国教育科学研究院、中国科学院心理研究所、中国人民大学、华东师范大学、南京师范大学等知名高校、科研机构的专业力量，以及众多学前教育一线实践型专家，着手编著《中国（0—6岁）儿童成长指标体系》。

在专家学者、合作伙伴、团队战友等多方力量的支持与努力下，历经三年多时间的艰苦磨砺，我们幸运地完成了这套作品的编著工作。因为客观条件的限制，这套"指标体系"还不足以成为一份没有任何缺陷或瑕疵的著述，但这确是一份非常有系统、有价值的宝贵参照资料。亦是在各方力量的共同努力下，这套内容得以顺利出版，继而普惠中国的家长、幼儿教育工作者与儿童。在这套作品形成与出版过程中，我们经历了很多的挑战与挫折，所幸，众志成城，在各方友人的关爱下，在多种力量的支持下，我们克服了一个又一个困难，跨越了一个又一个挑战，最终将这份承载着梦想、责任、爱心与希望的作品呈现在世人面前。

感恩，德迅投资的曾李青先生、启明创投的甘剑平先生作为投资人，一直以来对学龄前儿童教育伟大事业的热心支持与倾力帮助，使得我们能够在学龄前教育领域潜心基础性、引领性研究，并能聚焦关键资源安心研发优秀的内容和产品。

感恩，我们有爱的、用心的朝气蓬勃的团队。集团高管团队的战略性支持、教育科研团队的全心奉献、设计团队的爱心付出、技术团队的果断支撑、市场营销团队的合力传播，让这一套凝聚无数专业力量与爱心的作品，得以问世，并在广袤的中国大地上迅速传播。一盏盏青春的心灯，点亮爱的前程！

保护动物

先有鸟还是先有蛋，

你不知道，我不知道，

只有鸟知道；

鸟先消失还是蛋先消失，

你知道，我知道，

只有鸟不知道。

"中国（0—6岁）儿童成长指标体系"

制定说明

为了更好地理解"中国（0—6岁）儿童成长指标体系"在制定过程中所遵循的指导思想、依据、原则，方便使用者对体系构成、功能与作用，对指标体系与教育体系的关系有更加清晰的认识，特编写本说明。

○指导思想

联合国《儿童权利公约》指出：儿童教育的目的应是，"最充分地发展儿童的个性、才智和身心能力；培养儿童对父母的认同，对自身的文化、语言和价值观、儿童所居住国家的民族价值观、对其原籍国以及不同于其本国的文明的尊重；培养儿童对自然环境的尊重。"联合国教科文组织在《教育——财富蕴藏其中》的报告中指出，未来教育的四大支柱是，学会做人、学会做事、学会学习和学会与他人共同生活。融合中华民族优秀教育传统中"童蒙养正"的教育哲学与思想，我们致力于培养传承中华民族优秀传统文化的、具有国际视野和思维方式的、适应全球化背景下未来社会发展需要的全面和谐发展的儿童。

○制定依据

1. 理论依据

理论的价值在于为人们思考、解决问题提供思维模式或者框架。对不同的理念的信奉，必然导致不同的价值追求和不同的行为方式。"中国（0—6岁）儿童成长指标体系"以皮亚杰儿童发展阶段论、维果茨基最近发展区理论、建构主义学习理论、因材施教与个性化学习理论和生命教育理论为基础理论支撑，吸收和借鉴中西方儿童教育思想与实践的精华，在此基础上，思考和构建儿童成长与发展目标、实现目标的路径与方式，以及对目标本身与实现目标的相关因素进行测量与评估。

2. 实践依据

实践出真知，儿童教育实践是构建"中国（0—6岁）儿童成长指标体系"的出发点和归宿。在构建该体系的过程中，我们搜集了古今中外大量0—6岁儿童教育实践案例，包括家庭儿童教育案例和幼儿园教育案例，并对这些案例进行了细致、周密、科学的分析，总结、提炼、吸收、借鉴古今中外的儿童教育智慧，以此为基础，构建出适合中国儿童成长与发展需要的指标体系。

○制定原则

1. 理论与实践相结合

重视理论与实践的有机统一是制定"中国（0—6岁）儿童成长指标体系"的基本原则之一。理论表征着看待问题的思维方式，是思维高度与宽度的源泉。实践研究是建构理论体系的坚实基础。我们吸收、借鉴了中国文化传统中关于儿童教育的优秀教育思想、皮亚杰儿童发展阶段论、维果茨基最近发展区理论等国内外先进的教育理论，收集、整理了基于《幼儿园快乐与发展课程》、《幼儿园渗透式领域课程》等的大量典型幼儿园教育案例，以及数量庞大的家庭教育案例，在此基础上进行研究、提炼，总结出适用于中国儿童的成长与发展指标。

2. 促进儿童发展与满足家长需求相统一

儿童产品的使用者虽然是儿童，但是购买者是家长。人性化的儿童产品设计不仅要满足儿童的生理、心理需求，还要满足家长的需求。因此，在制定该指标体系的过程中，我们既高度重视儿童发展阶段性特征以及学习、成长的需要，也关照中国家长对儿童早期教育的热切需求。在为儿童设计每个阶段的成长发展指标的同时，指标体系也蕴涵了家长对孩子成长的愿景期待。

3. 国内外前沿科研成果相融合

我们生活在全球化高速发展的时代，在这样的背景下，我们要培养什么样的儿童？用什么样的理念和方式培养儿童？对这些问题的理性思考，让我们认识到未来的儿童要具有世界眼光、国际化思维方式，要具有中华民族优秀传统文化的涵养。我们广泛借鉴了美国、英国、澳大利亚等国家儿童早期教育发展指标，同时也对中华传统文化的精华进行了深入挖掘，融汇国内外的研究成果，制定具有中国特色的"中国（0—6岁）儿童成长指标体系"。

○体系构成

"中国（0—6岁）儿童成长指标体系"由"健康""语言""科学""数学""社会""习惯""美术""音乐"和"综合"九大模块构成。前八个模块以学科逻辑为基础参考原则划分，统称为"八大能力培养"；第九个模块为"综合"，代表意义为"综合素质提升"。"综合"模块与前八个专项模块之间是既相互独立又相互包容，我中有你、你中有我的关系。这一指标体系设计的基本出发点为既注重儿童专项能力的培养，又注重综合素质的提升。以这一指标体系为基础，可以开发设计出一系列的学习产品，应用此类学习产品进行的儿童教育实践，我们称之为"8+1儿童成长模式"。

○功能与作用

"为儿童提供高品质服务"，并不是用于市场宣传的标签，也不是用于空谈的标语口号。高品质服务，融入我们的一思一念一行一动之中；成就于我们每个人对于责任的理解与实践，对专业能力的不懈追求；外显于我们提供给儿童和家长的富有竞争力的高品质产品，以及能够让人感受到的温暖和爱的支持。

"中国（0—6岁）儿童成长指标体系"提供了科学理解儿童的视角和尺度，提供了与儿童学习、成长和发展相关的一些理论成果，提供了一个衡量优质儿童产品的参照指标，提供了一个理解儿童学习、成长方式的模式。这个指标体系存在的价值在于，为产品研发提供一套具有科学合理性的教育基础支持，以此服务于研发适合当代中国儿童与家长需要的教育产品；为市场宣传提供一个有关儿童成长与教育的框架，支持、理解和传播与儿童发展特征、学习、成长、教育相关的信息；为广大家长和幼儿教育工作者科学、理性地认识和支持儿童成长与发展提供一个思考的出发点与思维模式，提供一个实践的切入点。

"中国（0—6 岁）儿童成长指标体系"

＝＝使用建议

　　"中国（0—6 岁）儿童成长指标体系"（以下简称"指标体系"），从多个维度、多个层次呈现了与儿童学习、成长和发展密切相关的一些理论、知识、技能等方面的结构框架信息。全面、深入、系统、融会贯通式地理解这些内容，并智慧地将其应用于日常教育实践之中，对于个人和团队专业知识积累与能力提升、对于为儿童提供学习产品与服务的事业的快速发展，都具有十分重要的意义。

○认识儿童是"指标体系"应用的基础

　　18 世纪中叶以后，具有现代特征的儿童观念开始出现：与孩子有关的一切事情和家庭生活都成了值得注意的事情，不仅孩子的将来，他的现状也需要被关注，孩子成了家庭的中心。儿童是处在不断生长和发展变化之中的，而且主要在于内在的自然发展。这种发展包括生理和心理两方面。儿童期是人一生发展的重要时期。以儿童为中心，尊重儿童，要依照儿童内在的发展规律促进其自然和谐发展。

○尊重儿童发展阶段性特征和发展规律

儿童，是自然人与社会人的统一体，不能将其割裂开来。儿童既不是成人的"准备阶段"，也不是小大人，而是有着特殊生理和心理特点、有无限潜能可以开发、有无限发展可能性的独立个体。儿童的身心发展状况是其各个方面实现发展的基础，具有阶段性、顺序性的特征。我们不能按照对待大人的方式对待儿童，必须科学认识儿童身心发展阶段性特征，尊重儿童成长和发展的规律，在此基础上，考虑儿童的生活、学习、成长和发展问题。教育要尊重儿童的天性与兴趣，让其依据兴趣自由发展；同时又要给予他们适合社会发展需要的以及自身成长和发展规律的指导，从而使他们获得充分而和谐的发展。

○如何看待儿童的学习、成长和发展

从出生开始，儿童就在与自己、成人和环境的互动中认识周围的世界，丰富自己的知识和能力结构，提升自己的生存适应能力。换句话说，儿童时时刻刻都处在学习、成长的过程之中。那么，我们需要考虑的就不再是是否让儿童学习的问题，而是选择让儿童接触、学习什么内容，选择什么样的学习方式进行学习，从而能够更有效率的问题。以促进儿童学习、成长和发展为价值追求而存在的教育活动，关注的是如何将人的潜力最大限度地调动起来并加以实现，以及支持人的内部灵性与可能性的充分生成。适宜的教育活动，能够塑造全新、积极的儿童，并通过建构一种崭新的儿童成长方式，让儿童在幸福快乐中健康成长，获得全面和谐的发展。

○理解儿童独特的存在方式：故事与游戏

故事与游戏，构成了儿童的存在方式。心理学研究显示，每个儿童都有"故事情结"。学龄前儿童的思维方式以直观形象思维为主，这种思维方式使得儿童容易喜欢上故事，因为故事中有生动的情节、丰富的情感和可爱的小伙伴。游戏也是大多数儿童所钟爱的一种活动。英国思想家洛克认为儿童是天生的游戏者。游戏不仅是儿童的存在方式，还是儿童认识世界的工具和手段，是儿童对待世界的基本方式。儿童的学习、生活等方面都渗透着游戏的精神和态度。现在，游戏已经被看做幸福童年的象征和儿童应有的权利。如何让学龄前儿童在拥有"童年"的同时也能够拥有"教育"，就成为现代社会人们关注和思考的问题。

○如何理解"指标体系"中呈现的信息

首先，儿童的成长是全面的、立体的、具有发展性特征的，因此，对儿童相关信息的理解也是系统的、多维度的、多层次的、连继不断的。在"指标体系"中，包含了对儿童基本认识的论述，关于儿童发展阶段性特征的概括，关于儿童各年龄段、各个学习模块成长与发展指标的梳理，关于儿童游戏与玩具的理解。对上述内容全面、系统地理解，有助于我们深刻认识和把握儿童的真实需求，有助于科学引导家长在儿童学习与成长方面的关注焦点与重点。

其次，在对各个模块内容的关注中，要力求将认识的深度与宽度有机结合起来。中国人常说"意在言外"，语言的真正用意并不总是能够非常直白地表达出来，而是需要细细体会才能有更深刻的理解。我们要能够将具有高度概括意义的内容具象到可操作的层面；要能够将描述具体意义的内容进行高层次的概括，并进行适度的扩展。例如：当某一指标中提出"学会初步选择、使用与实验、探究有关的材料"时，要能够考虑到具体材料，例如放大镜、尺子等；当某一指标中提出"知道银杏树的名称、外形特征及其作用"时，要能够延展到杨树、桃树等植物。

再次，"指标体系"并不是一个涵盖儿童学习、成长、发展全部信息的百科全书，它更像是一个偏重于发挥向导、指引作用的线索地图。它告诉我们需要关注哪些方面的信息，并对该方面信息有一个基本的描述和解释，但是，若需要对某些方面的信息有较为深入的理解，则需要查阅相关资料。例如在基础理论部分，有的内容仅仅是一个基础性的说明，如若某些工作岗位或角色承担上需要更详细的相关知识，可以此为线索，铺陈开来查阅资料，进行更广泛、更有深度的学习了解。

○让理论、专业知识牵手儿童工作、教育实践

理论高度与实践宽度是相辅相成的统一体。理论来源于一线实践经验的总结，理论指导直接影响着个人和团队的思维模式，思维的高度、宽度与深度，以及解决问题的效益与效率。在某个专业领域内，专家与新手的区别就在于，前者获得了更高层次的理论支撑，有更广阔的实践经验的积累可供借鉴。因此，当面临领域内需要调动专业性质的高层次思维和专业技能解决的问题时，前者的思维方式和经验更有利于使问题得到圆满解决。无论是在方法还是策略上，前者都占有优势地位。

○对于为儿童提供学习产品和服务的机构

任何一个工作岗位，都有其特有的专业特点，都需要多个维度的专业知识和技能做支撑。在以为儿童提供学习产品和服务为价值追求的机构中，很多岗位的工作都涉及对儿童发展特征与规律的把握，都需要对儿童和家长的真实需求有较为准确的定位。这个指标体系为理解儿童特征与需求提供了一个较为全面、系统的有关学习与教育层面的基础性支撑，同时也能在一定程度上辅助理解家长的需求。

对于产品研发岗位的人来说，在融会贯通指标体系涉及的诸多模块内容的基础上，以润物无声的方式将此理念融入产品的设计与研发，将让其产品更适合儿童的需要、更受儿童和家长的青睐。对于市场传播岗位、销售培训支持岗位的人来说，既可以以此指标体系为线索支持团队理解儿童与家长的需求，也可将其部分内容设计为市场传播信息或培训支持课程。对于客户服务岗位的人来说，可以此指标体系为支撑，在儿童学习与发展领域成为家长信赖的教育顾问。对于艺术设计岗位、技术研发岗位的人来说，可以参考此指标体系更系统地理解儿童的认知特点与偏好，理解家长的偏好与需求，让艺术与技术支撑下呈现出的产品，不但能够满足儿童与家长的需要，还能够引领时代的潮流。

○对于广大家长

社会组织结构的进化，生命的自然孕育与传承法则，让男人可以成为父亲，让女人可以成为母亲。然而，在今天这样一个高速发展的时代，自然和社会所赋予的父亲或母亲的角色，不等同于你必然胜任这个角色的责任，更不等同于你天生就是一个优秀的父亲或母亲。在各级各类学校里，有各种学科各种门类的课程，但是几乎没有一种专门告诉你如何胜任父亲或母亲角色的课程。

爱自己的孩子，希望能够为自己的孩子开创幸福的人生，是为人父母者的天性。那么，如何实现这个目标呢？要知道，爱不仅仅是信念，更重要的在于行为。要成为一个拥有"爱孩子"能力的父亲或母亲，首先需要让自己拥有爱孩子的智慧和能力，这是真正爱孩子的基础和前提。什么是爱孩子的智慧和能力？了解孩子每个阶段的发展特征，了解在不同的年龄段孩子在各个方面发展应该实现的标准和水平，了解帮助孩子实现发展目标的策略和方法……这一切就构成了关于爱的博大精深的智慧与能力。

无论你的孩子在学龄前的哪一个年龄段，一两岁、三四岁，还是五六岁，整体了解和把握 0—6 岁孩子发展的阶段性特征和每个年龄段的成长指标，让自己成为专家型家长，对于为自己的孩子规划合理的学习与成长计划、因材施教地帮助孩子实现成长目标，都具有非常重要的现实意义。

赠人玫瑰手有余香，
伸出援手温暖的不止是他人！

小河狸贝瓦·爱·公益

创意：苏鹤琦
插画：乔瀚慧

儿童成长阶段性特征

婴幼儿大脑与动作发展及其影响

婴幼儿大脑机能的发展

就像人体的其他器官一样，脑的基本构成单位也是细胞。构成人脑的细胞可以分成两大类：一类是建构大脑并使其产生神奇作用的功能性细胞，由这些细胞进行信息处理，我们称它们为神经细胞；另一类是维系神经细胞活动并为它们提供营养和支持的细胞，我们称它们为胶质细胞。人们给神经细胞设定了一个专门的名字——神经元，人脑有大约 130 亿个神经元。

大量研究结果表明，对于大脑可以完成复杂任务来说，神经细胞本身的复杂性并不那么重要。换句话说，神经细胞本身并没有多么复杂，最重要的是神经细胞之间的联系，这种联系才是大脑能够完成那么多不可思议的复杂任务的根源。

神经细胞与神经细胞之间是以一种电化学的方式，通过一个极细微的空隙相互联结到一起的。神经元之间这种特殊的联系方式，我们称为突触。一个神经细胞可以从其他细胞接受多达上千个突触的输入。神经细胞之间借助突触可以形成各式各样的复杂神经网络，因此神经网络的变数极大，这正是大脑可塑性的基础。

神经细胞是人体细胞的一种，同其他细胞一样，它也有一个从小到大、生老病死的过程。但是，它还有一个与其他细胞不同的地方，就是不能再生。神经细胞不能再生，但是它上面的突触却可以再生，是这种突触在进行相互连接的活动，这种活动才使神经细胞之间建立起联系。

脑的机能并不取决于脑细胞的绝对数量，而是与脑细胞之间建立起来的网络的复杂性密切相关。遗传决定了脑的硬件，但是更重要的则是由环境所决定的脑的软件。对于大多数人来说，由遗传造成的人的智能上的差异很小，而这个很小的差异与人们能够达到的成就水平相比，基本可以忽略不计。人们能力上的差异正是教育顺应脑的发展的自然结果，是大脑可塑性的表现。

婴儿脑的大小和功能都受其后天经验的影响和制约。在突触形成处于高峰的时期，婴儿大脑所受到的恰如其分的刺激对这一过程至关重要。典型影响来自于早期营养不良和早期经验剥夺。

营养状况的好坏对胎儿和婴儿脑细胞的发育有重要的影响。如果怀孕期母亲营养严重不良，婴儿出生时脑神经细胞的数目会比正常的数目少15％左右。婴儿出生后的最初6个月，如果严重营养不良，脑神经胶质细胞的数目也要比正常数目大大减少。

早期经验剥夺实验研究结果显示，让人类或动物在婴幼儿时期处于一种丰富的环境刺激之中，往往有利于个体获得各种相应的经验，心理发展和身体发育成熟度高。例如在人类实验中，选择一些婴幼儿作为实验组，让他们反复观看各种彩色图片、图形；另外选择一些婴幼儿作为对照组，不施加上述变量。实验结果发现，实验组在图形识别能力和学习能力方面明显优于对照组。

苏联神经心理学家鲁利亚博士根据大脑与机能之间的联系，通过大量的临床研究和实验室实验，将人的大脑分为三个主要的系统（基本功能区）。第一个基本功能区指大脑中心的部分，它提供了认识和心理活动的操作背景，负责人的注意活动。第二个基本功能区指人类大脑皮层的中央沟和外侧裂之后的部分，包括顶叶、颞叶和枕叶，是形成人的感知觉的场所，并在感知觉的基础上，完成对事物的认识。第三个基本功能区是位于中央沟和外侧裂以前的部分，即额叶，负责人的反映活动，并对脑的各部分活动进行统和，依据第二基本功能区的信息处理结果，进行规划和组织，完成人对于各种事物的反应活动。三大基本功能区的成熟期是不一样的，所以开发大脑也要与脑发育的各个阶段相一致。

婴幼儿动作发展及其对生理心理发展的影响

婴幼儿动作的发展

☆在有目的的动作形成阶段（4 或 5 个月—9 或 10 个月），婴儿开始对自己的动作所导致的结果感兴趣，并会为自己感兴趣的结果而重复相应的动作。这表明个体行为的"手段"与"目的"开始分化，感知运动智力初现端倪。

☆在手段与目的之间的协调阶段（9 或 10 个月—11 或 12 个月），动作作为个体实现目的之手段的功用性进一步明确。动作、目的与方法之间开始协调，开始将已有的动作范型组合起来使用，以达到新的目的。

☆11 或 12 个月—18 个月，婴幼儿能够通过偶然的尝试，发现新的动作方式，在实施动作的过程中，获得对客观世界的最初认识。在个体思维、智力发展的过程中，动作起着决定性的作用。

☆18—24 个月，幼儿开始形成心理表征能力。他们可以对自己的动作及客观事物进行内部表征，开始了心理的内化过程。此时，婴幼儿可以通过在头脑中组合动作范型来构成达到目的的新动作，而不需要外显的试误动作。

☆尽管此时婴幼儿在解决问题时，无须完全依赖外显的试误动作，但是动作仍然具有不可替代的重要性。婴幼儿内部能力活动得以进行的工具是动作性再现表象，即婴幼儿是通过动作组织再现外界事物的特征和过去的经验的；另一方面，在很长一段时间内，当面临新问题时，婴幼儿仍然需要求助于外显动作，通过与客体的直接的相互作用解决问题、扩展认知。触摸在婴幼儿的感知活动中有重要作用。在保证安全的前提下，应当鼓励婴幼儿触摸行为的发生和发展。

☆婴幼儿动作发展的规律性

婴幼儿动作发展受生物预置程序化的制约，遵循一定的规律性，表现为：

1. 从整体动作向分化动作发展；

2. 从不随意动作向随意动作发展；

3. 具有一定的方向性和顺序性。

（1）头尾原则：从上到下，即从头部开始向脚部发展。

（2）近远原则：从中心到外围，即从身体的中轴部位向周边部位转移。

（3）大小原则：粗细指向，即从粗的动作向精细的活动发展，从大肌肉动作向小肌肉动作发展。

动作发展对婴幼儿成长的影响

☆婴幼儿运用已有的动作模式和感知觉对外界刺激作出反应，获得对环境的最初的知识。没有动作，婴幼儿心理就无从发展。动作是个体心理不断内化的基础，并为个体内化的心理活动提供丰富的素材，使个体心理的内化过程得以持续地进行。

☆动作对大脑的发育具有促进作用。不断练习、丰富、完善各种动作，可以促进大脑在结构上的发育，从而为个体早期心理的发展奠定良好的基础。

☆运动经验在空间认知发展中具有重大影响。手的抓握动作和独立行走等动作的发展可以促进婴幼儿空间认知的发展。动作使个体对外部世界各种刺激及其变化更加警觉，并使感知觉精确化。

☆动作使得婴幼儿的认知结构不断改组和重建。动作既可以促进个体认知结构内化不断充实，还可以通过提供新经验来引起个体原有认知结构与新的环境刺激之间的冲突、不协调，为打破原有认知结构，并促进其向新认知结构转换提供了现实的可能性。

☆随着动作能力的发展，婴幼儿与周围人的交往从依赖、被动逐渐向具有主动性转化。动作改变着个体与物理环境、社会环境的互动模式，使个体从被动接受环境信息变为主动获取各种经验，这种转化既促进了个体自主性、独立性的发展，又深刻地影响着个体的社会交往特点，进而对个体的情绪、社会知觉、自我意识等产生重大影响。

儿童语言发展阶段特征

0—1 岁

言语知觉的前语言发展

一般都把婴儿出生到第一个具有真正意义的词产生之间的这一时期（0—12个月）划为前语言阶段。在汉语系统中，婴儿的前语言阶段，是在语言获得过程中的语音敏感期。

☆婴儿在出生后一周内，就已能区分人的语音和其他的声音，这种区分是类别性的。

☆0—1个月的婴儿已能对声音进行空间定位，并能根据声音的物理特征来辨别各种声音的细微差别，表现出对语音（尤其是母亲语音）的明显偏爱。

☆2个月—3或4个月为发音游戏期。婴儿已开始理解言语活动中的某些交往信息，能和成人进行"互相模仿"式的"发音游戏"，能够辨别、区分并模仿成人语音。

☆5个月—8或9个月为语音修正期。婴儿已能辨别语言的节奏和语调特征，并开始根据其周围的语音环境改造、修正自己的语音体系。

☆9—12个月为学话萌芽期。婴幼儿已能辨别母语中的各种音素，能把听到的语音转换为音素，并认识到这些语音所代表的意义。这使他们能够经常地、系统地模仿和学习语音，为语言的发生做好了准备。

☆10－12 个月时，婴幼儿区分、辨别各种语音的能力已基本成熟，能辨别出各自母语中的各种因素。

前语言交流的发展

☆婴幼儿出生后 9 周就出现了类似于指示动作的姿势。

☆婴幼儿主要通过模仿和仪式化这两个途径来学习、掌握语言系统中的约定性指代关系。出生后半年里，婴儿就可以通过操作条件反射逐渐实现其交流行为的仪式化过程；9 个月时能真正通过模仿来学习、掌握各种约定性的动作或关系。

☆婴儿 9 个月时即能有目的地进行交流，其标志是原始祈使和原始陈述行为的产生。

语言的发生发展

☆婴幼儿语言发生的时间是在 10－14 个月。语言发生过程中，婴幼儿之间也存在着较大的个体差异，婴幼儿最早可以在 9 个月时说出第一个有特定意义的词语。

☆4－6 个月，成人应该为婴儿开口说话做准备。在开口说话前，父母要教孩子认识人或者物。例如：教婴儿认识妈妈时，可以问他："妈妈在哪里？"

☆6 个月－1 岁左右为喃语阶段。这个阶段中婴幼儿能自言自语地发出声音，但不知表示什么意思，就是咿呀学语阶段。婴幼儿能理解成人的一些面部表情和语调，例如：成人板着脸呵斥他，他就会哭；也能对成人的某些手势和简单指令作出相应的反应，例如：成人对婴幼儿说"笑一笑"，他就会笑。

☆8 个月左右到一岁多，婴幼儿常常使用动作跟父母交流，出现了手势语。例如：向父母张开双手，要求父母抱一抱；指着某件物品并看着父母，示意爸爸妈妈也看。（有些幼儿说话较为迟缓。若经检查不存在医学上的病变情况，则家长无须过度担心。）

☆对婴幼儿使用的第一批词进行生态学研究后发现，它们具有很强的场合约定性，即它们只能用来指代很有限的某个特定情境（场合）下发生（或出现）的某一特定之物，还不具备概括性意义，只具备原始的指代性、对应式的象征性和一定的交流意义，就好像是某一特定场合下特定事物的伴随物一样。

1-2岁

☆19个月时，婴幼儿已能说出约50个词。此后，婴幼儿掌握新词的速度突然加快，平均每月掌握25个新词，这就导致了婴幼儿19—21个月时"词语爆炸"现象的出现。在此后2个月内，婴幼儿说出第一批一定声调的双词句，从而结束单词句阶段，进入词的联合与语法生成时期。

☆大量研究表明，20—30个月，是幼儿基本掌握语法的关键期。

☆大约在1—1.5岁，幼儿的语言表达比较明确，标志着幼儿语音的正式发展。

☆从大约1.5岁开始，儿童的语言快速发展，到3岁、4岁时基本上已经掌握了本民族语言中的全部语音音调，发不准的语音虽然还有一些，但那都是受幼儿生理发育和环境影响造成的。

☆单词句，指儿童用一个单词来表达成人用一个句子才能表达的意思。单词句，一般出现在1岁以后，1岁半以后用得最多。例如："球球"表达的意思可能是"球是我的"。儿童单词句所用的词主要是名词或动词，所表达的内容一般是与儿童生活有关的描述、请求、提问和要求等。

☆2岁前，婴幼儿与成人的交流以非语言交流为主，因此父母不要因为孩子不会说规范的语言而忽视他们的语言发展，而要充分运用手势、体态语言与他们交流。

☆1岁半到2岁的儿童语言中开始逐渐出现电报句。电报句，指儿童将两个词或三个词组合在一起的句子。电报句所表达的意思较单词句明确，但表达形式断续简略、结构不完整，类似成人发电报时的语言。布朗的研究认为，儿童的电报句有11种形式。

☆2岁左右，儿童开始出现简单句。简单句，指最简单的完整句。有统计表明，2岁时，儿童使用完整句占使用句子的63.78%。

☆我国儿童在2岁时就有并列复合句出现。

☆儿童对语言的模仿在1—2岁时比较多。

☆在1—1.5岁的阶段，婴幼儿理解的名词和动词很多。名词主要是周围生活中的、所熟悉的家用物品，人物的称谓、动物的名称和特征较明显的身体器官。

婴幼儿理解的动词首先是表示身体动作的，其次是事件和活动的能愿动词（例如"想要"等）和判断动词（例如"是、不是"等）。

2—3岁

☆2—3岁是儿童基本掌握口语的阶段，这一阶段将持续到入学前。因此，2—3岁是个体口头语言发展的关键期。

☆大约在两岁半以后进入实词句阶段。

☆大约2岁半以后开始掌握语言的语法系统，往往出现概括现象。例如"妈妈买，妈妈买"，至于买什么谁也搞不清楚。

☆2—3岁幼儿发音器官逐渐成熟，在发音方面的困难日渐减少。唇音基本没有困难，但是舌头发音还比较困难。例如"zh、ch、sh、r"等，少数幼儿"g、k、h、u、e"发音也有困难。

☆2—3岁是幼儿词汇量迅速增长的时期，也是对语言理解能力迅速提高的时期。幼儿能理解的词汇达900多个，对词义的理解也日益接近成人用词的含义。

☆2—3岁期间所使用的句子中，简单句占大多数，主要有主谓结构和主谓补结构。复合句是省略连词的简单句的组合。

☆3岁左右，幼儿能说完整的句子，说话方式和成人差不多，能用完整的句子与人交往，表达个人的要求及愿望。

3—4岁

☆3岁时儿童能够使用描述人的外貌特征、情感和个性品质的形容词。

☆儿童掌握的词类与概念的发展密切相关。名词、动词、形容词，反映事物及属性的词幼儿容易掌握，副词比较抽象，幼儿掌握难。虚词反映事物之间关系，因此，幼儿掌握起来更难。

☆3—4岁幼儿语言器官尚未得到充分发育，存在发音不清、词汇贫乏的问题。语言和词汇方面的教育应是这阶段语言发展的重点。

☆3岁左右的幼儿还不善于有意识地听成人讲话。这个阶段要培养幼儿听成人和同伴讲话的能力和习惯。

☆3—4岁为儿童语音发展的飞跃时期，语音发展速度最快，到4岁时基本上已经掌握了母语的全部语音。

☆3—4岁是儿童词汇量增长最快的阶段，

以后增长速度逐渐减慢。

☆3－4岁儿童所讲的句子中，以4－6个词组成的句子居多。

☆儿童看图说话的内容量随年龄的增长而递增，3岁半时可讲56.9%；4岁时能讲61.9%。3岁儿童出现部分主动讲述。3岁半的儿童大多能进行主动讲述，其人数占总人数的72.9%。

☆幼儿动作表达以发展核心动作并进行拓展为主，4岁是动作表达的转折期。

☆幼儿使用的联合复合句多数为并列复合句，反映两个简单句子的并列关系，常用"还""也""又"等连接词。

☆3－4岁幼儿使用因果复句还比较困难，即使出现这种复句也没有连接词。如"我不吃饭，我在幼儿园吃饭了"。

☆3岁时，使用行动状语增多，如"他们蹦蹦跳跳地玩"。

☆3－3.5岁，幼儿句子中修饰语的数量迅速增长，4岁以后，有修饰成分的句子开始占优势。

☆中国3岁儿童词汇量达1000个，4岁时达1730个，增长率为73%。其中名词935个（54.0%）；动词431个（24.9%）；形容词204个（11.8%）；代词18个（1.0%）；

量词28个（1.6%）；数词53个（3.1%）；副词24个（1.4%）；助词14个（0.8%）；介词10个（0.6%）；连词6个（0.3%）；叹词7个（0.4%）。

☆3－5岁是幼儿语言表达能力发展的快速期。

4－5岁

☆4岁以后，是儿童使用形容词快速增长时期，4.5岁开始使用描述事件情景的形容词。

☆4－5岁是幼儿词汇量大量积累的阶段，不仅词的数量大量增加，用词的质量也明显提高。引导幼儿将消极词汇转变为积极词汇，提高口语表达能力应是这个阶段语言发展的重点。

☆对4岁以后的幼儿，要逐渐培养他们良好的倾听习惯，即要求幼儿能安静地、有目的地、耐心地倾听，不弄错别人的意思，并能记住别人讲话的内容。

☆中国儿童4岁时词汇量为1730个，5岁时词汇量为2583个，增长率为49.3%。其中名词1446个（56.0%）；动词579个（22.4%）；形容词308个（11.9%）；代词22个（0.9%）；量词46个

（1.8％）；数词114个（4.4％）；副词28个（1.1％）；助词14个（0.5％）；介词12个（0.5％）；连词7个（0.3％）；叹词7个（0.3％）。

☆4—5岁儿童掌握形容词的速度最快。据研究，学龄前儿童运用最多的形容词有30个，主要是表示事物的外形特征、颜色特征和感觉特征的词，如"红""白""圆""烂""干净""大""小""高""长""胖"等。

☆4—5岁儿童说的句子中以含7—10个词的句子占多数。

☆儿童看图说话的内容随着年龄的增长而递增，5岁时能讲述故事内容的77.8％。

☆4岁儿童中能主动讲述的人数比例已达到78％。

☆4岁儿童会使用一些地点状语。如"我在动物园里看见了长颈鹿"。

☆转折复句，这种句子都带连词，其中最常见的是"但是""可是"，在幼儿语言中转折复句数量很少，4岁前几乎没有，此后开始有一定数量的递增。

5—6岁

☆5—6岁幼儿发音已基本没有问题，亦

积累了相当量的词汇。对其连贯性语言的培养，应是这个阶段语言发展的重点。

☆对5岁以后的幼儿，要重点培养他们良好的倾听习惯——能主动、专注地倾听别人谈话，迅速掌握别人谈话的主要内容；能听出有错误或不完全的部分，并进行修正或补充；不中途插嘴，能有礼貌地听别人讲话。

☆5—6岁儿童使用的句子中，多数句子含7—10个词，有不少句子是11—16个词，平均句子长度为8.39个词。

☆儿童看图说话的内容量随着年龄的增长而递增。6岁时能讲述故事内容的80.6％，并能主动讲述。（可有意发展幼儿简单的逻辑思维能力，理解因果、转折等逻辑关系。）

☆5—6岁儿童已经能正确使用"如果……就……"的条件复句。条件复句反映假设关系（如果……就……）和条件关系（只有……就……）。

☆5—6岁儿童能够使用含有"因为""为了""结果""要不然"等词的表示因果关系的句子。

☆5—6岁儿童，除行动状语和地点状语

外，还会使用一定数量的时间状语，如"妈妈昨天带我去动物园看长颈鹿了"。

☆中国儿童5岁时的词汇量为2583个，6岁时达到3562个，增长率为37.9%。其中名词2049个（57.5%）；动词725个（20.4%）；形容词382个（10.7%）；代词25个（0.7%）；量词70个（2.0%）；数词225个（6.3%）；副词40个（1.1%）；助词14个（0.4%）；介词16个（0.4%）；连词9个（0.3%）；叹词7个（0.2%）。

插画：宋雪

儿童认知发展

感知觉的发生发展

☆0—1 个月的婴儿，已具备一定的视觉能力，获得了基本的视觉过程，视敏度达 20/200—20/400，并具备了原始颜色视觉。

☆2—4 个月，婴儿的颜色知觉已经发展得很好。4 个月时，已具有正确的颜色范畴性知觉，其颜色视觉的基本功能已接近成人水平。有研究显示，国外儿童在 4 个月后，就有了某种程度的颜色偏好。我国儿童在 1.5 岁时还看不出明显的颜色偏好，但到 2 岁时就有了较明显的偏好，其顺序是红、黄、绿、橙、蓝、白、黑、紫，共同的倾向是更喜欢暖色调的颜色。

☆2 岁幼儿中有 30% 左右能正确识别红色、白色、黄色。2.5 岁幼儿中有 95.8% 能正确识别红、白、黄、黑、绿、紫、蓝、橙等 8 种颜色。但正确命名的比例不高，2 岁时为 7.9%，3 岁时仅有 25%。教育可以改变这种状况。

☆早期对儿童进行颜色识别的教育，效果是明显的（据李忠忱的研究）。儿童对颜色的辨别能力，一般来说女孩强于男孩，即儿童的颜色视觉有性别差异。

☆听觉的发生发展。正常健康的幼儿一生下来就有听觉（至少可以肯定的是在出生后 24 小时以内），可以说听觉是与生俱来的。1 个月的婴儿能鉴别 200 赫兹与 500 赫兹纯音之间的差异。5—8 个月的婴儿在 1000－3000 赫兹范围内能察觉出声频 2% 的变化（成人是 1%），在 4000－8000 赫兹内的差别阈限与成人相同。

☆视听协调能力的发生发展。刚出生的婴儿就有最基本的视听协调能力。3－6个月婴儿的视听协调能力已发展到能使他辨别视听是否一致的水平。据研究，6 个月以前婴儿已能辨别音乐中旋律、音色、音高、调性及其转换模式的不同，并初步具备了协调听觉与身体运动的能力。

☆味觉的发生发展。味觉感受器在胚胎 3 个月时开始发育，15 周时已初步成熟且能发挥作用。4 个月的胎儿已能感受到味觉刺激。新生儿的味觉发育已经相当好了，并在其防御反射机制中占有相当重要的地位。新生儿已明显"偏爱"甜食，且对甜、酸、苦和白开水的表情已明显不同。味觉在儿童期最发达，以后就逐渐衰退。

☆嗅觉的发生发展。孕育了 7－8 个月的胎儿时嗅觉感受器已相当成熟且具有了初步的嗅觉反应能力，已能大致区别几种不同的气味。新生儿已能对各种气味作出相应的典型反应，如"喜爱"好闻的气味等，还能够由嗅觉建立食物条件反射，并有初步的嗅觉空间定位能力。

☆触觉的发生发展。胎儿 49 天时就已经具有初步的触觉反应，2 个月时能对细而尖的刺激产生反应活动。新生儿已能凭口腔触觉辨别软硬不同的乳头，4 个月时则能同时辨别不同形状和软硬程度的乳头。手的本能性触觉反应在婴儿刚出生时便可表现出来。出生 4 个月以后的婴儿具有成熟的够物行为，视触协调能力已经发展起来。

☆空间知觉的发生发展。（1）方位知觉的发生发展。婴儿对外界事物的方位知觉是以自身为中心进行定位的。新生儿已具有基本的听觉定向能力，并成为婴儿早期空间定向的主导形式。（2）距离知觉的发生发展。新生儿已能对逼近物体有某种初步反应，并具备原始的深度知觉。2－3 个月时，婴儿已有了对来物的保护性闭眼反应。6 个月以前，婴儿已确实具备了立体视觉，也有研究显示，3.5 个月的婴儿就已有明显的立体视觉了。儿童的方位感知觉的发展具有年龄特征，3 岁儿童能辨别上下方位，

4岁儿童能辨别前后方位。

☆物体知觉。（1）形状知觉的发生发展。婴儿在3个月时具有了分辨简单形状的能力，在8—9个月以前就获得了形状恒常性，而且事实上可能比这还要早。（2）大小知觉的发生发展。4个月以前的婴儿就已具有了大小知觉的恒常性，6个月以前的婴儿已能辨别物体大小。婴儿大约在3个月时开始对物体具有整体知觉，能初步将物体与背景区分开来，但不能区别两个紧密联系的物体，婴儿4个月以后这种能力快速发展。

注意的发生发展

☆新生儿已经具有了注意的选择性，并具备了对外界进行扫视的能力。

☆1—3个月婴儿的注意力已经明显地偏向被曲线、不规则的图形，对称的、集中的或复杂的刺激物以及所有轮廓密度大的图形所吸引。

☆3—6个月婴儿的视觉注意能力进一步发展，平均注意时间缩短，探索活动更加主动积极，而且偏爱更加复杂和有意义的视觉对象。可看见和可操作的物体更能引起他们特别持久的注意和关注。

☆6个月以后，婴儿的注意不再像以前那样只表现在视觉方面，而是以更广泛和复杂的形式表现在吮吸、抓握、够物、操作和运动等日常感知活动中。这时的选择性注意越来越受知识和经验的支配，受到当前事物（或人）在其社会认识体系中的地位以及婴儿所知的自己与它们之间的关系的支配或影响。

☆婴儿的共同注意随着年龄的增长而逐步提高，在9个月左右有了显著的变化，但在1岁以前，该能力的发展水平都较低。共同注意是一种较复杂的社会认知能力，它的发生包含了一系列分化与协调的过程。婴儿既要关注他人，又要关注目标，还要将空间上完全分离的他人与目标联系起来，利用从他人那里获得的信息来调整自己的行为，将注意指向第三个物体。

☆1岁以后，语言的产生和发展使幼儿的注意又开辟了一个非常重要而广阔的领域，使其注意活动进入了更高的层次——第二信号系统。这时期幼儿的注意活动的一个非常显著的特点就是，当他听到成人说出某个物体的名称时，便会相应地注意那个物体。

☆3—4 岁前，幼儿的无意注意占主导地位，集中性比较差，易变换注意对象，注意的持久性也比较差。

☆3—4 岁开始，幼儿能按照要求调动自己的心理活动指向和集中于应该注意的对象，这时的注意称为有意注意。3—4 岁的幼儿很难维持自己的有意注意活动，一般为 3—5 分钟。在这一阶段，动手操作活动对幼儿注意力的发展有重大影响。

☆4—5 岁幼儿的有意注意一般在 5—10 分钟。

☆5—6 岁儿童的无意注意已比较稳定，特别是对自己感兴趣的活动，其心理活动能十分稳定地进行。学前儿童在游戏中的注意可以持续很长时间。

☆5 岁以后，幼儿能够按成人的要求主动自觉地把注意集中于他们并不感兴趣的活动中，并且能做到仔细观察。5—6 岁的幼儿能够做到尽力保持自己的注意，以完成其活动。5—6 岁儿童的有意注意一般在 10—15 分钟。

记忆的发生发展

☆新生儿末期已具备特定的长时记忆能力。

☆3 个月婴儿对操作条件反射的记忆保持达 4 周之久。

☆9 个月左右婴儿开始出现延迟模仿现象，即刺激物消失一段时间之后婴儿仍能进行模仿。如成人按压一个键使玩具发出声音，24 小时之后，当小玩具再次出现时，婴儿也会按键使声音出现。

☆12 个月以后，幼儿语言的产生和发展为其带来了很多重要的变化，如符号表征能力的产生，再现和模仿能力的迅速发展，延迟模仿能力的产生等。其中，符号表征的出现，使婴儿词语逻辑记忆能力的产生成为可能，而延迟模仿能力的产生则标志着婴儿表象记忆力及再现能力的初步成熟。

☆18—24 个月，幼儿开始形成心理表征能力，可以对自己的动作及客观事物进行内部表征，开始了心理的内化过程。

☆2 岁时，幼儿已有了比较稳定的延迟模仿能力。这种模仿表明幼儿已有了表象和表征的活动。

☆3 岁儿童在同一个时间只能处理 1 个信息单位。

☆幼儿初期，无意识记忆占优势。凡是让

儿童感兴趣的、印象鲜明、强烈的事物就容易被记住。3 岁的幼儿并未真正接受记忆任务，基本上只有无意识记忆，让记忆服从一定的目的还有困难。

☆关于视觉通道记忆容量的研究显示（再认测量），3—4 岁幼儿保持量为 7.47；有关听觉通道记忆容量的研究显示，3—4 岁幼儿再认的保持量为 8.92，再现的保持量为 3.45。

☆在儿童成长早期，脑在不断地完善和成熟，脑的各区域活动分工和脑的成熟部位也有先后不同，先发育成熟的脑区域负责接受 3 岁前儿童获取的信息，比较晚成熟的脑区域主管 4 岁以后获得的信息，而后，晚成熟区域的活动完全控制了大脑的活动，压抑了早成熟脑部分的活动，原来的信息便无法提取。

☆记忆潜伏期。再现：3 岁儿童能再现几个星期前的事物，4 岁儿童可再现几个月以前的事物。再认：4 岁儿童能再认 1 年以前的事。

☆有关视觉通道记忆容量的研究显示，4—5 岁幼儿再认的保持量为 11.38；有关听觉通道记忆容量的研究显示，4—5 岁幼儿再认的保持量为 11.80，再现的保持量为 4.06。

☆5 岁儿童能处理 7 个信息单位（在同一时间）。

☆3—7 岁儿童，无论哪个年龄段，形象记忆效果都优于语词记忆效果。儿童两种记忆效果都随年龄增长而提高，而语词记忆效果的发展速率要高于形象记忆。

☆4—12 岁的儿童关于记忆的知识显著增长，大脑逐渐成为一个主动的建构性的单位，它存储的不仅仅是对现实的复制，还有对现实的解释。

☆记忆潜伏期。4—7 岁的儿童，往往能再认两年以前的事。4 岁以后，儿童一般可再现很长时间（半年、1 年、几年）以前的事物。

☆有关视觉通道记忆容量的研究显示，5—6 岁幼儿再认的保持量为 13.57；有关听觉通道记忆容量的研究显示，5—6 岁幼儿再认的保持量为 13.38，再现的保持量为 5.29。

☆3 岁幼儿的短时记忆广度均数为 3.91 个组块。4 岁幼儿的短时记忆广度均数为 5.14 个组块。5 岁幼儿的短时记忆广度均数为 5.69 个组块。6 岁幼儿的短时记忆广度均数为 6.10 个组块。

☆幼儿中期和晚期的记忆效果都是无意识记忆优于有意识记忆。在教育的影响下，处于幼儿晚期的幼儿有意识记忆和追忆的能力才逐步发展起来。

☆儿童如何学会对材料进行组织？根据维果茨基关于"社会因素在新技能形成中的调解作用"的观点可以推论，组织策略是儿童在经历中演变而来的。一般来说，儿童 5 岁以前没有记忆策略。5—7 岁处于过渡期，10 岁以后记忆策略逐步稳定发展起来。年幼的儿童自发运用记忆策略有困难，但训练可以有效地提高儿童运用记忆策略的能力。

☆复述是一种非常重要的存储策略。如果让幼儿记忆呈现给他们的一组单词，5—8 岁的儿童通常会按原来的顺序再次复述单词，而 12 岁的儿童则会成组复述单词。

☆弗拉维尔以绘图单词作为学习材料让儿童记忆的研究显示：6—8 岁的儿童开始利用语言为中介进行记忆。

学习的发生发展

☆学习是指婴儿在与客体相互作用的过程中获得经验，或由此引起个体倾向与能力变化的过程。人类个体在胎儿期已能进行颇有成效的学习，学习活动最早发生在胎儿末期。婴儿一生下来就有学习能力。这种能力表现的最根本特点就是明显地倾向于认识环境中的某些特定的联系。

☆3 个月时，婴儿已能顺利进行各种学习活动，学习的范围和种类越来越广泛，学习的技能越来越多样，并且能对社会性刺激和非社会性刺激进行记忆和学习。例如 3 个月婴儿可以进行操作性条件作用的学习，而且经过适当复习后这种学习效果可保持 4 周之久。

☆6 个月以后，婴儿的学习能力又有了新的发展，表现为：再认能力的继续加强（长时记忆能力继续发展）；社会性认知和社会性学习长足进步（出现了"认生"现象）；分类能力获得了显著的发展，使婴儿的学习更接近于概念学习。

☆10—12 个月的婴幼儿已能进行基本的数的概念学习，已可以进行高级的、对现实事物的分类。

☆婴幼儿的学习可以划分为三个不同的层次：A. 习惯化；B. 经典或工具性条

件反射；C. 语言的掌握、概念的学习等各种复杂类型的学习。

☆我国有心理学家认为，游戏是适合幼儿特点的一种独特的活动形式，也是促进幼儿心理发展的一种最好的活动形式。桑代克认为，游戏也是一种学习，遵循效果律和练习律，受到社会文化和教育要求的影响。通常来说，不同文化背景下的儿童游戏反映了各种文化和亚文化对不同类型行为的重视和奖励。

思维的发生发展

☆新生儿自发胳膊运动中有32％的行为不但具有明确目的，而且还运用了启发式搜索策略，具有问题解决的性质。

☆大量研究证实，3个月的婴儿就已具备比较明显的问题解决能力。

☆对婴儿用支持物够物行为进行的研究表明，7—8个月婴儿能根据不同情况下的任务而调整自己的够物行为。9个月婴儿在用支持物够物时已经很少犯"A、B错误"①。

☆6个月时，婴儿已经能够进行模仿，12个月以前已能利用工具解决问题，并获得了"手段—目的"的分析策略。科学实验也证明：材料的变化和对材料的熟悉程度都会影响10个月以上婴幼儿的问题解决行为。

☆12个月前，婴儿的表征能力就已经产生。

☆3岁前儿童典型的思维形式是直觉行动思维，即个体在直接感知和行动中所进行的思维活动。婴儿的思维过程是在直接感知的过程中进行的，是和感知过程混合在一起的，而且离不开感知过程，是边感知边思考，而后解决问题的。婴儿的思维过程离不开动作和活动。没有动作和活动，儿童的思维过程就无法进行，也不能表现，他们不能预先设计动作的顺序，也不能预想动作的结果。感知对象和活动对象一旦转移，思维活动也随之转移。

☆婴儿期的直觉行动思维到幼儿初期（3—4岁）仍有保留，但其表现却大不相同，在儿童解决问题的过程中，表现

---

① A、B错误，即实验者当着婴儿的面，先将一个物体藏在A处，婴儿能很顺利地找到物体。然后，实验者当着婴儿的面将物体藏在B处，婴儿却依然到A处去寻找隐藏的物体。

出了更明显的目的性和计划性。3—4岁儿童动作的概括性也更为准确。3岁以后儿童开始理解相似情景实际上是有差异的，这种差异带来解决问题时动作的差异。

☆在直觉行动思维发展的同时，儿童逐渐产生了具体形象思维，即依靠具体形象来理解事物和解决问题的思维。在幼儿期甚至小学初期的儿童，这种思维是占主导地位的。儿童这种类型的思维具有两大特点：具体性和形象性。具体性是指儿童思维的内容是具体的，即儿童头脑中内化了的形象是具体的形象。这种具体性使幼儿在理解和解决问题时带有机械的性质。如理解"父亲"的概念时，认为父亲是"像我爸爸那样年龄的男性"。这种具体性使儿童掌握一些具体的概念相对容易，掌握类概念则比较困难。如他们可以掌握"苹果"和"椅子"的概念，却不能掌握"水果"和"家具"的概念。形象性是指儿童用于思维的头脑中的素材基本都是形象的，较少或不存在其他的心理表征，语言和其他符号表征还没有发展起来。这种思维方式的局限性在于，第一，不能运用

概念，且通过判断推理的形式来反映事物特征及其关系，对较抽象的问题感到困惑，当头脑中缺乏某一具体形象时，思维便寸步难行。具体形象思维只能解决一些具体的简单的问题。第二，由于形象的概括性有限，过于具体的形象会干扰问题的解决。

☆随着动作能力的发展，随着主体与客体的不断相互作用，积累的大量知识经验使3—4岁儿童思维由动作思维发展为表征思维，认识上有了较大的飞跃。但由于表象思维的局限性和儿童自我意识的发展，儿童只注意到或只注重自己对客体的认识，不能意识到对事物还存在别人的观点，别人和自己的观念还会有不同，更不能站在别人的角度或客体角度去思考和认识事物的特征，自己的态度、需要、观点是衡量事物的唯一标准。

☆对3—4岁儿童的测试发现，他们能意识到数的——对应关系和数的守恒。守恒是指物质从一种形态转变为另一种形态时，物质含量保持不变。皮亚杰认为前运算阶段的儿童思维只能集中于问题的一个维度，注意的是事物表面的、明

显的特征，具有中心化的特点。

☆3岁左右，儿童进入对数量的动作感知阶段。3—4岁儿童掌握的实物概念基本上代表儿童所熟悉的某一个或某一些事物。

☆和实物概念比，数概念是一种更加抽象的概念，因而，在儿童发展过程中，掌握数概念比掌握实物概念晚，也比较难。

☆掌握数概念包括理解"数"的实际意义（如"3"指三个物体）；数的顺序（如"2"在"3"之前，"2"比"3"小）；数的组成（如"3"是由"1+1+1、1+2、2+1"组成的）。

☆关于推理过程的研究显示，3岁儿童基本不能进行推理活动。3岁儿童还不会类比推理，4岁儿童类比推理开始发展。

☆幼儿中期（4—5岁）开始出现抽象逻辑思维的萌芽。

☆博克"农场景观"模型试验（类似皮亚杰做的"三山实验"）显示，3岁儿童已能很好地完成任务。当场景是儿童熟悉的，问题也是儿童容易理解的时，幼儿能够考虑到别人观点。在休斯的实验

中，30名3.5—5岁儿童中，90％的儿童能够指出"小孩站在什么位置，可以使警察看不到他"，显示了儿童的非自我中心。

☆在数的守恒实验中，只有少数（16％）4—6岁儿童理解了数的守恒。

☆4—5岁儿童已能在概括水平上指出某些实物比较突出的特征，特别是功用上的特征。在这个阶段，儿童实物概念获得了较为快速的发展。

☆对4—6岁幼儿数概念的发展进行研究发现，幼儿对基数和序数的认知发展存在先后顺序，即幼儿在4—5岁时对基数的认知成绩明显优于对序数的认知，而到了6岁，两者的发展趋于同步。

☆4—5岁是幼儿在数词和物体数量间建立联系的关键阶段。

☆幼儿分类的发展顺序是：不能分类—依感知特点分类—依生活情景分类—依功能分类—依概念分类。4岁以下儿童有82.3％的人不能分类，6—7岁儿童逐渐能按事物的功用和本质特点来分类。

☆一些关于推理过程的研究显示，3岁儿童基本不能进行推理活动，4岁儿童的推理能力开始发展。4—7岁儿童类比

推理的发展水平随年龄的增长而逐步提高。4岁儿童类比推理开始发展，但水平很低。4岁儿童大多数只能根据一种表面属性完成操作任务。

☆5－6岁幼儿抽象逻辑思维迅速发展。抽象逻辑思维是指以抽象的概念或符号来判断、推理、解决问题的思维形式。幼儿期是由直觉行动思维发展为具体形象思维，再发展到抽象逻辑思维的过渡阶段。

☆幼儿末期（5－6岁）虽然已经产生了抽象逻辑思维，但它只是萌芽状态，水平很低，抽象概括性差，逻辑性差，发展不平衡。

☆5－6岁儿童处于守恒的转折阶段。在"杯子"实验中，他们似乎意识到必须同时考虑杯子的高度和粗细，但在比较时，同时考虑两个维度还比较困难。

☆5－6岁儿童开始能指出某一实物若干特征的总和，但是，还只限于所熟悉的事物的某些外部和内部的特征，而不能将本质特征很好地加以区分。

☆2－3岁和5－6岁是儿童数概念形成和发展的两个关键年龄段。5－7岁是数运算的初期。关于数概念发展的转折点

一般认为在5岁左右。幼儿在形成数概念和发展运算能力中，思维水平可分为四级：A. 行动感知概括；B. 直观表象笼统概括；C. 直观言语概括；D. 表象语言概括。

☆5岁幼儿有近半数能依据两种或三种属性完成操作任务。而绝大多数6岁幼儿都能根据三种属性完成操作任务。

☆关于幼儿推理过程的研究显示，5岁年龄组的儿童大部分（62%以上，平均为75%）可以进行推理活动。6岁和7岁年龄组的儿童全部可以进行推理活动。

☆6－7岁的儿童逐渐能接受按事物的功用和本质特点来分类。

想象的发生发展

☆1.5岁－2岁，是儿童想象出现的萌芽阶段。

☆3岁前儿童常常是边知觉边展开想象的翅膀。比如一个儿童看见一片纸转起来了会说"转椅"，另一个儿童则会说"飞机"。他们感知到什么便和过去的经验联系起来，边感知边想象，常常是视听等各种分析器一起活动。

☆3岁前儿童的想象与记忆十分接近，有

时就是记忆形象在新情况下的重新出现。比如拍洋娃娃睡觉，主要是重复模仿成人照顾自己时的动作。

☆3岁前，儿童缺乏经验，对事物的正常联系缺乏认识，使想象时表象可以任意组合，完全不管是否符合逻辑，是否违背客观规律。

☆3岁前，儿童的整个心理活动都离不开动作。通过活动，儿童才能认识事物和进行心理活动。这是由其心理水平所决定的，想象也不例外。比如一块胶泥被捏成圆球形时，儿童想象成"球"或"汤圆"等；胶泥被打扁成圆形时，儿童又想象成"饼干"。

☆3岁前，儿童的想象完全无目的性。因为想象完全是随心所欲的，想象的内容和结果自己事先没有确定，别人也无法预想，完全由自己、事物本身的特性和动作的情况所决定，大部分的想象还接受成人的提示、引导。

☆3—4岁，儿童的想象活动没有明确的目的，没有前后一致的主题，想象内容零碎、贫乏，数量少而相对单调。

☆4—5岁，儿童的想象活动仍以无意性的为主，同时出现了有意的成分，想象的目的计划非常简单，想象内容较以前丰富。

☆5—6岁，儿童的想象活动有意性非常明显，内容进一步丰富，内容新颖程度持续增加，更符合逻辑。

☆观摩自然景物，有助于幼儿想象力的发展。

情绪、个性和社会性发展

气质

☆第 1 年婴儿气质稳定性呈一个连续增长的模式，前后气质类型的相关系数分别为 0.23（3—6 个月），0.59（6—9 个月）和 0.69（9—12 个月）。综合采用几种评定法（包括问卷、访谈等）研究证实，婴儿气质的确具有一定的稳定性。

☆气质虽然是比较稳定的个性心理特征，但其在后天生活环境和教育的作用下，在一定程度上也是可以改变的。研究显示，非抑制型气质的婴儿在 4 年里很少发生变化，而抑制型婴儿有一半减少了抑制性。刚出生时比较急躁的婴儿在随后的两三年里比不急躁的婴儿更易转变

为抑制型。

☆气质对儿童认知发展、情绪控制和行为调节方面的发展均具有有效的预测作用。婴儿气质对于早期教养的影响主要体现为不同气质类型的婴儿对早期教养的适应性和要求不尽相同。其关键在于父母的教养方式要与儿童气质特点相符合。

☆容易型婴儿对各种教养方式都容易适应。困难型婴儿的父母从一开始就面临着早期教养和亲子关系的问题，家长必须处理很多棘手的问题（例如：生活不规律、适应慢、烦躁、易哭闹等）。

社会性微笑

☆出生3周左右，在婴儿清醒时，轻轻地抚摸其面颊、腹部，能引起婴儿微笑。4—5周时，把其双手对拍，让他看转动的纸板，或听各种熟悉的说话声等，都能引起他微笑。从第5周至3.5个月时，婴儿对人的社会性微笑是不加区分的，对主要抚养者或家庭成员、陌生人的微笑都是一样的。

☆从3.5个月尤其从4个月开始，随着婴儿处理刺激内容能力的增加，能够分辨出熟悉的脸和其他人的脸，婴儿开始对不同的人报以不同的微笑，出现有差别的、有选择性的微笑。

☆5—6个月时，婴儿出现对人的特别的兴趣和微笑，即社会性微笑。

分离焦虑

☆6—8个月时，婴儿出现对最熟悉亲近者的依恋和分离焦虑，并随之产生对陌生人的焦虑等。

☆陌生人焦虑一般在婴儿6—8个月时发生。4个月时，婴儿开始区分陌生人和熟人，虽然仍会对陌生人笑，但是明显减少。5—6个月时，婴儿见到陌生人往往会表现出一种严肃的表情，笑得更少，但是仍然不害怕。而到6—7个月时，婴儿见到陌生人就开始感到害怕了，到8个月时，婴儿明显怕生。

☆分离焦虑是在婴儿6—7个月时产生的，随着母—婴依恋的建立而同时发生。分离焦虑的产生，与三个方面重要的认知能力的发展有关，即提取记忆的能力、比较过去和现在的能力、预期可能在最近发生的事情的能力。其次，婴儿分离焦虑的产生也与婴儿应付情景的能力有关。在儿童开始上幼儿园时，也会出现分离焦虑现象。

情绪

☆婴儿出生后，不仅有情绪，而且已经初步分化。新生儿即已有感兴趣、痛苦、厌恶和微笑四种表情。

☆3—4个月时，婴儿出现愤怒和悲伤情绪。

☆情绪的社会性参照，是指婴儿发展的特定时期发生的人际情绪的交流和对他人情绪信息的利用，是在一种特定情景中发生的特定情绪交流模式。它包含婴儿对他人情绪的分辨和如何利用这些情绪信息来指导自己的行为。情绪的社会性参照对婴儿的发展具有极其重要的意义，特别是对半岁至 1 岁半的婴儿。情绪的社会参照，在很大程度上决定婴儿的生活质量和发展机会。

☆婴儿的情绪社会性参照能力包括了四个相互连接、逐步递进发展的水平：水平一：无面部知觉（0－2 个月）；水平二：不具备情绪理解的面部知觉（2－5 个月）；水平三：对表情意义的情绪反应（5－7 个月）；水平四：在因果关系的社会参照中运用表情信号（7 或 8 个月至 10 个月）。

☆要注意避免消极的社会性参照，因为不适应的参照信息与条件同样会对婴儿起作用，导致婴儿不良的情绪、行为体验，形成消极、懦弱的性格，限制婴儿的探索和操作，阻碍其智力发展等。

依恋的发展

☆依恋是婴儿与主要抚养者（通常是母亲）之间的最初的社会性联结，也是情感社会化的重要标志。

☆从出生到 3 个月，为无差别的社会反应阶段。这时期婴儿对人反应的最大特点是不加区分，无差别的反应。

☆3－6 个月，为有差别的社会反应阶段。这时期婴儿对人的反应有了区别，对母亲更为偏爱，对母亲和他所熟悉的人以及陌生人的反应是不同的。

☆6 个月至 2 岁，为特殊的情感联结阶段。从 6－7 个月起，婴儿对母亲的存在更加关切，特别愿意与母亲在一起，与她在一起时特别高兴，而当她离开时则哭闹，不让她离开，别人还不能替代母亲使婴儿快活。与此同时，婴儿对陌生人的态度变化很大，见到陌生人大多不再微笑，而是紧张、恐惧甚至哭泣、大喊大叫。

☆在 12－19 个月，不少幼儿改变了依恋的类型。有些幼儿在 7 个月前，属于不安全型依恋，19 个月时转为安全型依恋，也有约 1/3 的幼儿在 1 岁时属于安全型依恋，7 个月后转变为不安全型依恋。

同伴交往

☆婴儿从出生后 6 个月起，即开始出现真正意义的同伴交往行为。

A. 在以客体为中心的阶段，婴儿的交往

更多集中在玩具和物品上，而不是对方（同伴）本身。

B. 在简单交往阶段，婴儿已经对同伴的行为作出反应，经常企图去控制对方的行为。

C. 互补性交往阶段，婴儿与同伴间的行为趋于互补，出现了更多更复杂的社交行为，相互间的模仿已较普遍。

☆儿童很早就对伙伴发生兴趣，最初的行为是注视和触摸，这大约出现在婴儿3—4个月的时候。6个月之前的婴儿对同伴的反应还不具有真正的社会意义。

☆6个月的时候，婴儿会对同伴微笑，向同伴发出呀呀的声音。这时期还不能主动追求或期待从同伴那里得到相应的社会反应。

☆1岁时，幼儿之间出现了较多的交流行为，如微笑、打手势、模仿等相互影响、相互交流的行为。

☆在2岁左右，幼儿开始使用语言来影响和谈论同伴的行为。

☆2—6岁时，游戏是幼儿与同伴互动的主要方式。儿童游戏的发展会经历三个步骤，对应三种游戏类型：

A. 非社会化的活动阶段。这一阶段的主要行为包括旁观他人游戏、单独游戏（自己一个人玩，根本不关注别人做什么）等。

B. 平行游戏阶段。在其他儿童附近，以相近的方式进行游戏，但他们并不试图去影响对方，彼此之间没有真正的互动和合作。

C. 联合游戏和合作游戏阶段。联合游戏，指儿童在一起玩游戏，但彼此之间没有明确的分工或没有一个共同的目的。合作游戏，指幼儿为了共同的目标而组织起来的游戏。

自我发展

☆婴儿初期，其心理带有自我中心的特点。表现为：儿童分不清自我和客体的界限，吸吮自己的手指就像吸吮别的客体一样，而后以自我的动作来认识客体、组织客体的特征，看见的便存在，没看见的便不存在。直到1岁左右，儿童才发展出客体永久性的概念；大约1岁半左右，儿童才认识到自我独立的存在，将自己作为主体来认识。

☆5—8个月，婴儿显出对镜像的兴趣，注视它，接近它，抚摸它，对它微笑，但对自己的镜像与对其他婴儿形象的反应没有区别。这说明他们并未认识到镜像是自己的，并未认识到自己与他人的差别，以及自己是独立存在的个体。因而，婴儿还没有萌生自我认知。

☆9—12个月，婴幼儿表现出了对自己作为活动主体的认知，他们认识到自己的动作引起镜像中的动作。这个阶段产生了初步的主体我。13—24个月的幼儿开始对镜像表现出一种小心翼翼的行为，20—24个月的幼儿显示出比较稳定的对自我特征的认知，他们会对着镜子触摸自己的鼻子和观看自己的行为。

☆9个月至2岁为认知生理自我的时期。儿童开始注意到自己身体的各个部位，如脸、头、眼睛、鼻子、耳朵、手、脚、肚子等，并知道这些部位是属于自己的而不是别人的。这时期，对于自己的所属物，如自己的衣服、玩具、器皿、食物等也会有比较深刻的认识。

☆12—15个月，幼儿已能区分由自己做出的动作与他人所做出的动作的区别，对自己镜像与自己活动之间的关系有了清楚的知觉，这说明婴儿已会把自己与他人分开。主体我获得明确的发展。

☆15—18个月，幼儿开始把自己作为客体来认识，认识到客体特征来自主体特征，对主体特征有了稳定的认识。这反映了在客体我水平上自我认知的发展。

☆18—24个月，幼儿已具有了用语言标示自我的能力，如使用代词（"我"、"你"）标示自我与他人。幼儿在此阶段已经能意识到自己的独特特征。能从客体中认识自己，用语言表示自己，表明幼儿已具有明确的客体我。

☆2—3岁是儿童认识社会自我的时期。这一阶段的儿童对自己的认识不仅表现在身体上，而且还表现在逐渐地体验到了自我需要上。这种需要不仅有生理的需要，更有社会的需要。除了吃喝拉撒睡的需要外，他们还有游戏、交往、说话、唱歌、跳舞等各种需要。

☆7岁前，儿童对自己的描绘反应仅限于身体特征、年龄、性别和喜爱的运动等，还不会描述内部心理特征。

☆自我控制能力在3—4岁儿童中还不明显，利用外部语言进行自动调节，中介变量为社会互动与交流、语言的发展及其指导作用。从缺乏自我控制到有自我控制的转折，平均年龄是4—5岁。5—

6 岁儿童绝大多数都有一定的控制能力。总体来说，幼儿的自控能力还是比较弱的。

☆儿童的自我评价能力发展得比较晚，一般认为在 2—3 岁，但 3 岁儿童中出现自我评价的人数仅占总数的 22.5%，40% 的 3 岁儿童即使进行自我评价也是完全以他人（主要是成人）的评价作为自己的评价。例如当问及儿童为什么是好孩子时，儿童回答"老师说我是好孩子"。

☆儿童自我评价开始发生的年龄的转变期是 3—4 岁。该年龄段儿童的自我意识发展速度很快，4 岁时已有 70% 的幼儿产生了自我评价。5—6 岁儿童绝大多数已能进行自我评价（占比达到 90%）。5 岁儿童中的自我评价开始脱离成人的评价，有了一些自己的独立性。

☆2—3 岁儿童对引起事情的原因只有模糊的了解，他们的行为直接受行为的结果所支配，因而这个年龄段的儿童既不是道德的，也不是不道德的。从 4 岁开始，有 71.67% 的儿童能够运用一定的道德行为规范来评价自己和他人关系的好坏；4 岁以后的儿童，还能根据一定的道德规范来对待长者。但是 4 岁儿童还不能自觉模仿成人从社会意义上来评价道德行为的好坏。5—6 岁儿童能够在一定程度上模仿成人从社会意义上评价道德行为的好坏。

☆3—6 岁幼儿的侵犯行为随着年龄的增长而增加，身体攻击在 4 岁时达到顶点。对受到的攻击或生气的报复倾向，3 岁时有明显增加。侵犯形式也随年龄增长而变化，身体攻击减少，语言攻击增多。3—4 岁儿童攻击的个体差异已具有明显的稳定性。

自尊的发展

☆1.5 岁以后儿童产生羞愧、自豪、骄傲、焦虑、内疚、同情等情绪。惊奇（通常出现在 1 岁），诱因为新异事物的出现；害羞（通常出现在 1—1.5 岁），诱因为熟悉环境中陌生人的出现；轻蔑（通常出现在 1—1.5 岁），诱因为欢快情况下显示自己的成功；自罪感（通常出现在 1—1.5 岁），诱因为抢夺别人的玩具。

☆幼儿早期的自我体验主要表现为与生理有关的愉快和愤怒，是较为低级的自我体验；而委屈、自尊、羞愧感等较为高级的社会性体验还很少。但随着年龄的增长，儿童的各种体验都在发展，社会性体验也在逐渐增强。

☆儿童在3岁左右产生自尊的萌芽，如犯了错误感到羞愧，怕别人讥笑，不愿意当众被训斥等。不同年龄体验到自尊的人数比例是不同的，3—3.5岁儿童体验到自尊的比例为10%；5—5.5岁儿童体验到自尊的比例为83.33%；6—6.5岁儿童体验到自尊的比例为93.33%。

☆幼儿对情感体验的自我感觉是需要暗示和逐渐培养的。3—3.5岁幼儿的自我体验中，愉快占23.33%，愤怒占20.00%，委屈占10.00%，自尊占10.00%，羞愧感占3.33%。4—4.5岁儿童的自我体验中，愉快占56.67%，愤怒占66.67%，委屈占60.00%，自尊占63.33%，羞愧感占43.33%。5—5.5岁儿童的自我体验中，愉快占100%，愤怒占100%，委屈占100%，自尊占83.33%，羞愧感占90%。

☆4岁左右，幼儿自我情绪体验由与心理需要相关联的情绪体验（如愉快、愤怒）向社会性情感体验（如委屈、自尊、羞愧感）不断深化发展，同时又表现出易受暗示性。5—6岁儿童大多数已表现出有自我情绪体验。动手做事有利于幼儿情绪情感体验的发展。

☆幼儿阶段晚期，道德认知开始向自律转化，但真正达到他律道德或道德相对论阶段，则是儿童在进入小学以后。

社会交往

☆16—24个月，幼儿社会性游戏明显多于单独游戏。幼儿更喜欢与同伴玩，与同伴游戏的数量明显多于母亲，而且不愿意与陌生人玩游戏。

☆16—18个月，是幼儿交往能力发展的转折点，此后，幼儿参与社交性游戏的次数迅速增长。

☆23个月，幼儿愿意参加游戏活动，这有助于发展语言能力和记忆力。该时期的幼儿能理解成人的一些指令，可让幼儿完成简单的记忆任务，发展他们的有意记忆。

☆2岁左右，幼儿的社会性游戏在数量上超过单独游戏，而其游戏伙伴则更经常是同龄同伴，与母亲的交往表现出明显下降的趋势。

☆从3岁起，儿童偏爱同性伙伴，经常与同性伙伴在一起游戏、活动。

☆3岁以后儿童的交往频率更高，交往的时间更长，交往活动的种类更多，交往的积极性、主动性增强，合作性游戏随着年龄的增长而增多。3—4岁时，儿童依恋同伴的强度显著增长，能与更多的同伴建立起友谊。

☆4—5岁儿童的亲社会行为能够预测他们19岁时的亲社会关系。

☆儿童在与同伴的交往中学习如何与他人建立良好的关系、保持友谊和解决冲突，怎样对待领导与被领导的关系，怎样对待敌意与专横，怎样对待竞争与合作，怎样处理个人与小团体的关系。

性别认知

☆2.5—3岁儿童获得了基本的性别认同，并开始形成性别图式。

☆大多数2.5—3岁儿童能正确说出自己是男孩或女孩，但不能认识到性别是不变的属性。3—5岁儿童还不能理解性别的坚定性。3—7岁的孩子将性别角色标准看成是不容侵犯的，所有人都必须遵守的准则。5—7儿童才开始理解性别的坚定性。儿童先理解自我的性别坚定性，继而理解同性别他人的性别坚定性，最后理解异性别他人的性别坚定性。

☆从3岁起，儿童偏爱同性伙伴，经常与同性伙伴游戏、活动。3—4岁时，依恋同伴的强度显著增长，能与更多的同伴建立起友谊。

☆4—6岁是男女儿童认知和个性发展的一个转折期。

☆4岁时，女孩在独立、自控、关心人与物三方面优于男孩。

☆6岁时，男孩在好奇心、情绪稳定、观察力三方面优于女孩。

性格

☆3—4岁的儿童尚未形成稳定的性格。在这个年龄段，性格发展的年龄特征尚未处于优势，即这一阶段的儿童性格中共同特征占主要地位。

☆5岁左右，儿童才开始形成初步的性格，幼儿的性格出现明显的差异。

了解儿童游戏

游戏在儿童成长中的价值

　　维果茨基认为游戏是影响 2—6 岁幼儿发展的重要的或"主导的"因素，学前期是典型的游戏期。游戏大多是通过各种各样的动作进行的，在游戏中儿童身体的各个器官都处于活动状态，因此，游戏成为锻炼儿童身体的有效手段。在游戏活动中，儿童的感知觉、注意、记忆、思维、想象都在积极活动着，即游戏能够促进儿童智力和语言的发展。各种角色扮演游戏，在帮助儿童理解和认识社会的同时，也培养了相应的美德品质。此外，游戏环境本身就是一种美的教育，即在潜移默化中可以起到培养幼儿审美能力的作用。总之，游戏是儿童快乐的源泉，儿童是在游戏中学习、在游戏中成长的。

儿童游戏的种类与特点

动作游戏

　　婴儿的身体运动游戏可以分为三个阶段：有规律的重复动作、练习性游戏、追逐打闹游戏。

☆有规律的重复动作是指婴儿没有目的的、重复进行的大肌肉动作，例如踢脚、摇动身体等。这种有规律的重复动作在很早就已出现，在婴儿 6 个月时达到高峰。

☆婴儿的练习性游戏往往以亲子游戏的形式出现，同时往往与玩物游戏结合在一起。

☆追逐打闹游戏指幼儿奔跑、跳跃、互相追逐，伴随着高声大叫、大笑或扮鬼脸的行为。追逐打闹游戏是以身体和动作为"材料"的游戏，在这种游戏中幼儿对同伴身体所做的攻击性动作，是假装的而不是真实的，所以这种游戏也是一种假装游戏。

玩物游戏

☆在出生后最初的两年里，婴儿探索物体的游戏动作表现出以下发展规律：

A. 从最初的未分化的和重复的动作，逐渐地发展为有组织、有顺序的动作模式。

B. 从最初受物体的支配和控制发展到逐渐能够控制物体，并进一步概括化地将其运用到其他物体上。

C. 从对物体的物理性质的探索和物理关系的掌握过渡到对物体的社会性特征和象征性关系的探索和掌握。

婴儿玩物动作的发展

动作	分类	发生月龄
敲打		7，9，13
关联动作	简单的关联动作：能够把两个物体关联起来，但没有找到物体之间的正确关系。	9，13，20
	顺应性关联动作：发现物体之间的正确关系，如把杯子放在茶碟上，勺子放在杯子里。	9，13，20
	归类动作：把两个相似物体放在一起，杯子和杯子，勺子和勺子放在一起。	20
象征性动作	假装的动作。	13，20
序列性动作	连贯的平行动作：如把一个杯子放在一个茶碟上，然后把另一个杯子放在另一个茶碟上。	20
	主题变化的连贯动作：如用勺子在水壶里搅了一下，又在杯子里搅。	

亲子游戏

☆成人是婴儿与物质世界之间的中介。在出生后的最初两年里，亲子游戏是婴儿游戏的主要形式。

☆早期亲子游戏的发展趋势是：婴儿由被动到主动。刚开始，婴儿在游戏中扮演被动角色，他们非常喜欢与成人的共同游戏。大约8个月的时候，婴儿开始成为主动的角色；12个月时，婴儿可以带着大人玩，主动地发起游戏。这种趋势表明，成人应尽早开始和孩子玩。

社会性游戏

社会性角色扮演游戏是角色扮演游戏的成熟形式，也是象征性游戏发展的最高水平。

☆3.5岁幼儿能够区分游戏与非游戏行为。

☆3—4岁的幼儿能够提出自己个人的游戏目的，但是不能提出共同活动的目的。

☆4—5岁的幼儿能够独立提出自己的个人游戏的目的，而且相当多的幼儿（大约为80.4%）能够提出共同游戏的目的。

☆5岁幼儿能够抽取出游戏的组织规则并促进游戏主题的发挥。

☆5—6岁的幼儿大部分（大约为92.2%）能够提出共同游戏的目的，游戏目的的

稳定性有明显提高（平均可达30分钟左右）。

语言游戏

☆语言游戏是早期亲子游戏的一种表现形式。在嬉戏性的"对话"中，婴儿可以模仿母亲的姿势、表情、语言，获得许多特定的人类经验，包括轮流、等待、重复等社会性活动的基本元素。

☆在出生后第二年的游戏中，幼儿相互之间已经会交换微笑并用语言交流。婴儿在游戏中的交往意图包括：争夺物体的拥有权；模仿彼此的动作；交换物体；模仿彼此的声音；互相攻击；对伙伴做出积极的情感反应；对伙伴做出积极的言语反应；跑进跑出；跑和追；玩躲猫猫；协商；追逐打闹。

☆对2—5岁幼儿游戏中的语言的特点和功能的研究发现，幼儿游戏中语言具有标记、确证、表明自己动作状态等43项功能。

象征性游戏

☆象征性游戏的重要特征是"以物代物"，即用一物当作或代替另一个不在眼前的

东西。正是通过"以物代物"，幼儿为自己创造了特殊的游戏条件。

☆象征物和被象征物之间的替代关系的建构是象征性游戏的认知发展基础。

☆象征性游戏的出现，标志着婴儿思维的进步。

☆"代替物"和"被代替物"之间关系的建立，标志着象征性功能的出现，即理解符号或象征物与它所代表的物体之间的关系的能力。

☆"以物代物"的出现标志着思维的概括化，它包括两种概括与迁移：物的概括与迁移；动作的概括与迁移。

☆象征性游戏是2—6岁幼儿典型的游戏形式。在这一时期，象征性游戏进入了发展高峰期和成熟期。

☆"动作的去情景化""以物代物"和"角色扮演"是象征性游戏的基本结构因素，也代表着象征性游戏发展的不同水平。

A. "动作的去情景化"是指动作与原有的情景分离而使动作具有象征意义。例如：婴儿靠在成人身上闭上眼睛笑嘻嘻地假装睡觉。

B. "以物代物"是用当前物体代替不在眼前的或想象中的物体。以物代物的出现标志着物体和动作的双重概括和迁移。以物代物的发展经历三个发展阶段，即情景转变（1—1.5岁）、动作象征（1.5—2岁）和以改变物体名称为特征的真正的以物代物。

C. "角色扮演"是假装把自己当作别人（例如医生），并通过自己的动作、姿势、表情、语音语调等把自己所扮演的这个"他人"（包括社会身份、职责、态度和动作特征等）表现出来。

当"角色扮演"这一因素出现后，幼儿的象征性游戏由"以物为中心"转变为"角色引导"的行为，行为和意识的关系发生逆转，角色扮演成为幼儿游戏的目的，角色意识成为游戏的中心。

婴幼儿的象征行为

象征性动作	例子
动作假装	用玩具杯喝水
假装的人	用玩具勺喂洋娃娃

象征性动作	例子
想象的替代物	用贝壳喝水
假装做出一系列有顺序的动作	吃饭、去商店、上床睡觉
假装对物体做出一系列有顺序的动作	给洋娃娃喂饭、穿衣、上床
双重的代替	把衣架当作娃娃；把衣服当作床

儿童游戏的主要内容

动作游戏

☆0—3个月，成人与幼儿一起玩交互的模仿性游戏，如脸对脸的接触、微笑、吐舌头、摇头、模仿婴儿的声音、和婴儿说话、让婴儿拉成人的小手指等。

☆3—6个月，成人与婴儿一起玩，逗婴儿笑、胳肢婴儿、和婴儿做"鬼脸"等。

☆6—12个月，成人与婴儿一起玩交互的动作模仿游戏，如伸胳膊、蹬腿、爬，玩骑"大马"或"摇啊摇，摇到外婆桥"等民间游戏。

☆12—24个月，成人与婴儿一起玩爬或走的游戏；玩追与被追的游戏；玩藏和找的游戏；玩捉人游戏。

☆2岁以后由于幼儿身体运动能力的发展，因此其动作游戏非常明显地发展为身体运动游戏。

☆3—4岁幼儿不但可以很好地走和跑，而且可以用脚尖走路，单脚站立。非常喜欢骑三轮车。

☆4—5岁幼儿可以双脚跳跃、攀爬、单脚跳跃和快跑。因此，幼儿非常喜欢玩追逐打闹的游戏以及一些运动游戏，诸如球类游戏等。

☆5—6岁幼儿的动作技能更为成熟，可以跳绳、做健美操、走平衡木。

玩物游戏

1. 区分自己和物体

☆1—4个月婴儿的游戏主要是注视和练习身体动作。他们玩弄自己的身体，享受明亮的颜色和有趣的声音。

2. 探索和摆弄物体

☆4个月时，婴儿表现出对物体的兴趣。婴儿对周围的物体感到新奇，他们开始探索和玩弄物体，咬和看往往是探索的第一步。

☆婴儿摆弄物体的方法随年龄增长而变

化。最初婴儿对待物体的方式是笼统无分别的，他们用同样的方式（咬、摇、敲打、看、听等）对待所有的玩具或物体。以后婴儿的动作逐渐分化，他们能够对不同的物体做出不同的动作，动作也更适合于物体本身的特性。

☆7个月左右，婴儿可以用拇指和食指拿捏较小的东西。

☆8个月时，婴儿可以手拿玩物。

☆15个月大的学步儿童喜欢不停地走动，看到物品就一个一个地拿起来，然后又一个一个地丢下。

☆18个月时，学步儿童的大肌肉动作比较成熟，活动力比较旺盛，摆弄物体的行为也更有目的性。他们能够拉动玩具，抱起洋娃娃或玩具熊，模仿成人阅读或打扫卫生。

☆24个月时，学步儿能够拿着物品敲敲打打，能串珠，能将珠子反复装入或倒出盒子。

☆不满1岁的婴儿通常一次只能玩一个玩具，而且玩法很不固定。他们按照自己的方式方法来对待物体，而不是按成人所期望的或社会约定俗成的方式方法来操作和使用物体。

☆在1—2岁之间，幼儿摆弄单一物品的行为减少，他们逐渐能够同时用两手分别拿不同的东西。1岁以上的学步儿童，通常能够同时摆弄几个玩具，能够按社会约定俗成的方法来使用物品。

3. 关联物体

☆能够把两个物体关联起来，这标志着婴儿认知发展的一个新的成就。象征性游戏的关键特征——以物代物，就是要在"眼前物体"和"不在眼前的物体"之间建立起某种联系。

☆1岁以后，幼儿可以根据过去的经验重组已经掌握的动作以建构新的动作图式。

☆2岁以后，幼儿可以按照成人所期望的社会化方式来对待物体，能够注意到物体的物理特性，知道物体在日常生活中的用途和使用方法。以摆弄和操作物体为特征的玩物游戏在幼儿2岁以后的发展方向是结构性游戏。研究显示，结构性游戏在幼儿2—3岁时占25.5%，3—4岁时占26.8%，4—5岁时占29.2%。结构性游戏虽然在不同年龄幼儿中所占比例没有显著差异，但在发展的成熟程度上有差异。

☆2岁以后，幼儿在无意识地使用物体的过程中，往往会偶然地将物体结合起来组成了某种形状。以后这种无意识的建构逐渐转变为目的性较强的建构性活动。

☆3岁幼儿有一定的建构意图但目的性不明确，往往是先做后想，不能按一定目的坚持下去。3岁以后的幼儿经过多次练习，建构的计划性、目的性逐渐增强。

☆4—5岁幼儿的建构活动不仅具有模仿的因素，而且表现出创造性。

亲子游戏

☆在共同游戏中，婴儿学习游戏的基本技能，如等待、轮流、共同参与、假装、重复等，并很快学会自己玩。

☆婴儿如何从被动的游戏者转变为游戏的主动发起者，以"躲猫猫游戏"为例可以说明。

☆由于记忆的发展和物体恒常性知觉的出现，使婴儿能够从"躲猫猫游戏"的物体消失—再现—消失中获得乐趣。大约在婴儿八九个月时成人就可以和婴儿玩"躲猫猫游戏"。

刚开始时，成人（母亲）用手或者手绢把自己的脸遮盖住，过一会儿把手拿开，同时说"闷儿"。这种动作配合着声音使婴儿感到惊奇和快乐。在婴儿有一定经验的基础上，才可以遮婴儿的脸，当遮盖物从他的脸上拿开时，他也会模仿说"闷儿"。

12个月以后，幼儿开始把手绢从自己的脸上或母亲的脸上拿开。

15个月时，这种一开始由成人发起的游戏演变为由幼儿发起的游戏。幼儿模仿先前成人示范过的动作与声音，使"有趣的情景"再度发生。15个月时，幼儿已能行走，他们开始自发地表演这个游戏以引起成人的注意，然后躲在门边、椅子后面或者桌子下面，一会儿出现，一会儿消失，重新出现时就发出"闷儿"的声音。

在"躲猫猫游戏"中，婴幼儿从一开始只是被动参与由成人发起的游戏到后来能够发起并维持游戏，大约需要6个月时间。

社会性游戏

☆2岁以后，幼儿逐渐从与成人的协同游

戏转向自己独立游戏。与此同时，同龄幼儿开始成为幼儿重要的游戏伙伴，幼儿逐渐学会与其他幼儿一起游戏。他们的游戏经历了从独自游戏向合作游戏的转变过程。

☆3岁以前的幼儿倾向于自己单独玩。他们的游戏情节简单，往往长时间重复一个动作。幼儿在游戏中的模仿、想象和语言往往都是以自我为中心的。他们的目的稳定性较差。

☆从3岁开始，幼儿游戏的社会性水平逐渐提高。

☆4岁左右的幼儿与同伴交往的愿望变得强烈，他们对多角色的集体游戏表现出特殊的兴趣，并努力地去理解和表现自己所扮演的角色。4岁是幼儿游戏社会性水平发展的转折点。4岁时，平行游戏、协同游戏、合作游戏的社会性水平都有相对较大的提高。

☆柏顿的研究发现，以同伴交往为特征的幼儿社会性游戏行为因年龄不同而不同：2—3岁幼儿的游戏中出现较多的是无所事事或旁观的行为，独自游戏和平行游戏也较多；3.5—4.5岁的幼儿以协同游戏居多；4.5岁以上的幼儿以合作游戏居多。在2—4.5岁之间幼儿独自游戏和平行游戏逐渐减少，合作性的小组游戏逐渐增多。

☆平行游戏在幼儿2—5岁之间基本呈增长趋势，3岁左右无显著变化，4岁时发展很快。在2—3岁、3—4岁、4—5岁幼儿的游戏行为中，平行游戏所占的比例分别为4%、5.1%、12.6%。

☆协同游戏在幼儿2—5岁之间随年龄增长而增长，3岁左右无显著变化，4—5岁时发展很快，在2—3岁、3—4岁、4—5岁幼儿的游戏行为中，协同游戏所占的比例分别为3%、4.2%、28.8%。

☆合作游戏到幼儿4岁左右才出现。4—5岁时逐渐以协同、合作游戏为主。

☆独自游戏在幼儿2—5岁之间的三个年龄并无显著差异。在2—3岁、3—4岁、4—5岁幼儿的游戏行为中，独自游戏所占的比例分别为45%、53.3%、44.5%。

☆规则游戏。规则游戏是伙伴游戏的特殊形式，一般认为规则游戏代表着游戏发展的高级阶段。如果以游戏者对于游戏规则意义的理解和掌握作为规则游戏成熟的标志的话，那么规则游戏大约要到幼儿 6 岁左右时才可能出现。规则游戏虽然是通过"传递"获得的，但是儿童对于游戏的规则或者玩法的理解却具有个人和年龄的认知特征。

语言游戏

☆2－3 岁幼儿在独处的时候往往反复地发出有规律而无意义的声音（例如"嘀嘀嗒""嘀嗒嗒""嗒嗒嘀"），并伴随着一些动作，仿佛是在进行语言的探索，这是练习性游戏的表现形式。

☆3 岁以后，同伴游戏增多，同伴之间的交谈也随之增加。

☆3 岁半左右，幼儿的社会性游戏中可以出现各种结构和形态复杂的语言，同时也出现了以对语言的嬉戏性运用为特征的自发性的韵律游戏和单字游戏、幻想和无意义的玩弄词语的游戏以及交谈。（猜谜语、说笑话、念儿歌等都是幼儿喜爱的语言游戏。）

☆4－5 岁时，各种不同结构的语言，如儿歌、歌谣、说反话、颠倒歌，被使用在各种游戏中，从而使游戏更富有意义和乐趣。

象征性游戏

☆最初的象征性游戏主要是婴儿自己"日常生活"动作的再现，具有"我向"的特点；同时，自己既是动作的主体，也是动作的受体（例如：拿空杯子假装喝水）。

☆婴儿象征性动作的主要特点是"动作的迁移"。由于婴儿还不能辨别和分析物体的特征和功能，他们一般不注意物体的细节。一个东西只要能够帮助他们做出他们想要做的动作，都可以成为"代替物"，而不管"代替物"与"被代替物"之间是否相像。

☆约 1 岁半以后，幼儿常常出现对他人（洋娃娃或母亲）的假装动作。例如喂其他洋娃娃。

☆象征性游戏的发展表现为象征性动作的扩展和联合：婴儿最初的象征性动作是单个动作，而且往往在同一对象上重复多次。以后逐渐地能够有顺序、连贯地做出几种不同的动作。在 2 岁末，物、象征性动作和语言等因素在游戏中被整合起来，从而使游戏的情节更加丰富。

☆约在 2 岁的时候，幼儿开始能让洋娃娃成为独立的行动者，而不是受他照顾的接受者。如让洋娃娃自己吃、走、开车。这种"导演游戏"的出现表明幼儿已开始能够把别人看作独立的、具有行为能力的个体。

☆一直到 2 岁末，儿童游戏中象征性游戏的数量还比较少，而数量的多少往往与成人或伙伴的影响有关。

☆幼儿角色扮演能力的生成需要经历一个发展过程。幼儿的角色扮演遵循着角色行为—扮演意识—角色认知的路径发展。

☆3 岁前，儿童角色扮演的特点是：他所扮演的成人的角色是具体的，角色还不具有概括性。

☆2—3 岁的幼儿常常模仿成人的动作，但是却没有角色扮演的意识，最先出现的是模仿性的角色行为，例如：幼儿双手转动着方向盘，嘴里发出"嘀嘀"的声音假装开汽车，但是他还没有角色扮演的意识。

☆幼儿开始扮演角色时更多关注的是"物"而不是"人"。例如：幼儿之所以要当"警察"是因为对警察叔叔的指挥棒感兴趣，满足于用指挥棒"指挥"的动作。

☆2 岁以后"以物代物"的行为有新的发展，表现在幼儿对于"物"的逼真性的依赖降低，他们可以用也可以不用玩具就能够做出想象的行为，甚至能够用语言来描述想象的情境。

☆真正的角色扮演行为出现在幼儿 3 岁末 4 岁初，角色扮演开始成为幼儿游戏的目的，角色引导幼儿的游戏行为：幼儿以自己确定要扮演的角色为依据选择适宜的物品，计划和组织自己的行动。幼儿表现出明显的角色认知。

☆幼儿在角色扮演中能够建立不同角色之间的关系。一个人能够扮演多种不同的角色，可以根据情节的变化做出适宜的角色行为。角色的转换具有顺序性和逻辑性，准确逼真地反映角色与角色之间的关系。

☆3 岁、4 岁幼儿的象征性动作主要还是由"物"引起的，他们的象征性作用还需要依靠形象相似的物体作为支柱，要求代替物与被代替物在外形方面有一定的相似性。

☆5 岁、6 岁的幼儿已不在乎代替物的形象是否逼真，他们对于"物"的逼真性的依赖降低。他们可以用也可以不用玩具就做出象征性动作，也可以对玩具或材料加以改造来构成一个新的代替物。

儿童游戏性别差异

☆儿童在游戏行为上表现出与性别相对应的风格。一般来说，男孩喜欢跑、跳等运动量较大的游戏，女孩则喜欢运动量较小、安静的、坐着进行的游戏。这种性别差异表现在各种不同类型的游戏中。

☆在象征性游戏中，女孩比男孩表现出更强的、不依赖于逼真的游戏材料来游戏的能力。

☆在角色扮演上，女孩扮演的角色以家庭生活为定向（例如母亲等），表现出更多养育行为；男孩则往往很快越过家庭、医生和学校等熟悉的或与日常生活相近的主题而选择诸如航天员、超人等不熟悉或偏离日常生活的主题，扮演超人、航天员等幻想性的角色。男孩也倾向于冒险主题并扮演反面角色和英雄角色，他们经常使用汽车和枪，他们的活动量也较大。

☆在规则游戏中，这种性别差异的表现比较明显。男孩往往分成团队进行游戏。

他们的游戏规则较为复杂，包含更多的角色，有更强的竞争性，所需要的技能尤其是动作技能更为复杂。而女孩的游戏竞争性则较少，游戏规则的结构较简单，较少需要运动量较大的动作技能。

☆产生性别差异的原因：

1. 生物学方面因素的影响。如果在胎儿期受到人工雌性激素的影响，则不论其性别如何，都会减少以后参与追逐打闹游戏的频率。

2. 社会文化传统的影响。游戏行为的性别差异与父母的教养方式、社会文化传统有密切的关系。例如研究发现，13—14个月幼儿所表现出的攻击性行为在数量上并没有显著的性别差异。但是，成人对待男女婴儿的攻击性行为的态度是不同的。对于女孩的攻击性行为，成人表现出忽视的态度，往往不加注意，不给予任何反应。但对于男孩的攻击性行为，成人往往表现得很在意，总是试图去纠正或转移这种行为倾向，结果却是强化了男孩的这种攻击性行为倾向（这使男孩了解到如何才能获得成人的注意）。

3. 伙伴的影响。相同性别的儿童在一起

游戏时，其平行游戏和合作游戏的频率分别是异性儿童平行游戏和合作游戏的 2 倍和 4 倍。儿童倾向于和同性别伙伴游戏，可能是能力、性别角色刻板化、有共同的兴趣等因素混合作用的结果。

成人在儿童游戏中的角色承担与作用

基本原则：在与婴幼儿进行游戏时，游戏应以婴幼儿的反应为引导而不是以成人的刺激为引导。这是成人在和婴幼儿的游戏中需要遵循的一个重要原则。

婴儿出生后第 1 个月

☆提供无活动限制的服装、摇篮和在婴儿醒着时能够引起婴儿注意的环境。

1—4 个月

☆在婴儿所处的环境中提供变化的因素；
☆抱着婴儿四处走走；
☆把婴儿举起；
☆把婴儿放在摇篮里；
☆观察、讨论、记录婴儿的变化；
☆把音乐玩具打开，放在婴儿看得见的地方；

☆把玩具放在婴儿的手里或他可以够得着的地方；
☆给婴儿穿可以自由活动的服装；
☆为婴儿的重复活动提供时间和空间。

4—8 个月

☆观察婴儿的重复性动作，提供能够支持这种重复性动作的材料；
☆把积木、洋娃娃、球和其他玩具放在婴儿够得着的地方，想方设法吸引婴儿去看、够、拿物品或玩具；
☆做一个动作并等待婴儿的模仿，然后再一次重复这个动作，例如笑、张开嘴；
☆为婴儿提供安全无限制的环境和实际的动作和语言，支持、鼓励婴儿练习滚、坐和爬；
☆提供软而牢固的物体供婴儿练习站，并加以鼓励。

8—12 个月

☆把玩具放在婴儿的身边；
☆和婴儿用手绢玩"躲猫猫"游戏；
☆面对婴儿把积木放在自己身后，并用语言描述自己的动作，例如"我把球放在自己的身后"；
☆为婴儿游戏提供时间和空间；

☆用学步车等做支撑物，鼓励婴儿独立行走。

12－18个月

☆和幼儿玩"藏和找"的游戏。在幼儿注视的时候，当着幼儿的面把东西藏在枕头底下或毯子底下，并问："它在哪里呀？""你能找到它吗？"观察幼儿的反应，鼓励幼儿去找，表扬幼儿的注意和思考；

☆允许幼儿玩水，鼓励幼儿发现物体放在水里的各种反应；

☆提供时间和材料刺激幼儿思考和尝试新的主意；

☆提问但不要直接告诉答案；

☆鼓励幼儿进行假装；

☆允许幼儿重复自己的游戏，发展自己的爱好。

18－24个月

☆给学步儿童时间自己去思考、寻找物品，观察他们在游戏中表现出来的对于事物的认知，允许他们在游戏中发生与玩具和材料相关的冲突；

☆观察和辨认学步儿童游戏的连续性的主题，为他们提供服装和材料，支持他们扮演角色。

2岁－6岁

☆鼓励幼儿进行伙伴交往和适宜的游戏行为，引导幼儿的亲社会性行为，干预幼儿的攻击性行为并为之提供适宜的示范；

☆为幼儿开展游戏提供适宜的玩具和游戏材料，尤其是提供有益于促进幼儿学习和解决问题的开放性材料，注意玩具和游戏材料的发展适宜性；

☆利用各种途径和方法（包括讲故事、看图书、参观访问、谈话等）来丰富幼儿的生活经验，为幼儿开展游戏奠定经验基础；

☆为幼儿开展合作性和协商性的角色扮演游戏创造条件和机会，建议或示范适宜的角色行为；

☆为幼儿提供丰富的美工活动材料，鼓励幼儿通过建构来表达自己的想象和生活经验；

☆向幼儿介绍和提供规则简单的规则游戏以便他们以后能够自己独立游戏，概率性的规则游戏比策略性的规则游戏更适宜，同时不宜过于强调规则游戏的输赢；

☆注意在游戏中观察和了解不同性格和发展特点的幼儿的游戏情况，进行适宜的个别化指导；

☆各种类型的游戏应无显著的性别差异，因此，在看待和指导幼儿的游戏时，成人应该抛开固有的性别定式，为男孩女孩提供均等机会去接触各种不同类型的游戏，使他们身心得到平衡协调发展。

插画：宋雪

玩具与游戏材料

玩具的价值与选择原则

☆玩具一开始就被人们用作教育和训练的工具。人们创造玩具，不仅仅为了"娱乐"儿童，更重要的是为了帮助他们掌握学习和生活的实用技能、技巧。玩具承载着社会和成人的教育目的以及对于儿童的期望。

☆美国一项关于学龄前儿童教育计划的研究显示：给儿童过多的玩具或不适当的玩具会损害儿童的认知能力，因为儿童在如此多的玩具面前会显得无所适从，无法集中注意力玩一件玩具。

对玩具的性别认同倾向

☆18—24个月时，幼儿就在玩具的选择上表现出反映社会期望的性别认同倾向。女孩喜欢选择娃娃和家务活动方面的玩具，男孩喜欢选择交通工具、士兵之类的玩具。这种性别偏向是普遍存在的跨文化现象。在美国、欧洲与亚洲的幼儿身上都发现了这种对玩具的性别认同倾向。

☆性别认同倾向不同的原因：

1. 生物学方面的因素影响。如果幼儿在出生前或出生后几个月内受到高度的雄性激素的影响，那么在3—8岁时，这些幼儿不论男女，都会对传统的男生玩具表现得更加偏爱。

2. 来自社会文化的影响。父母在与子女的相互作用过程中，加入了大量的文化期望与行为的规定性，他们用各种标准、价值、风俗与习惯来要求子女。子女从父母的各种反应中，逐渐懂得父母所期望的东西，并不断修改与调整自己的行为，以符合父母的期望。除了父母以外，同性别的伙伴也对儿童玩具选择上的性向形成有一定影响。儿童，尤其是男孩，如果没有按照同伴团体的标准来选择和使用玩具，并产生适宜的游戏行为，就会有被伙伴团队排斥的危险。

3. 大众媒介的影响。大众媒介对儿童玩具选择中的性向形成也有不可忽视的作用。电视广告是展示定型化的性别角色的重要渠道。广告中的儿童大都以传统的性别角色出现。在玩具广告中，很少看到男孩和女孩在一起玩的情景。研究发现，经常看电视的 3 岁幼儿比电视看得少的同伴有更多的性别角色定型观念。

不同年龄段儿童玩具与游戏材料

3 岁及 3 岁以下婴幼儿使用的玩具，最重要的是应该避免和小零件有关的潜在的噎塞和窒息的危险，以及玩具原料可燃性及与可迁移元素含量有关的潜在的危险。

3 岁以后，幼儿从过去主要和成人协同游戏，到逐渐学会自己独立游戏和与伙伴共同游戏；从最初的依赖实物，要求玩具的逼真性发展到对实物依赖逐渐减少，可以使用象征性的动作、物体和语言进行游戏。此阶段玩具与游戏的选择，更倾向于学习和成长的需要。

适合 0—1 岁婴儿的玩具和游戏材料

1. 发展视听觉的玩具：能缓慢移动、声音柔和、色彩明亮、设计简单、线条和造型清楚。玩具应置于婴儿的右边（在 80% 的时间里婴儿的眼睛是看右方的，因此玩具放在右边比较能引起其注意）；放置玩具的地方距婴儿的眼睛最好是 27—47 厘米之间。

2. 发展手的动作的抓握玩具，如摇铃、拨浪鼓等或大小适宜、安全的日常生活用品。玩具质地应柔软、有弹性、耐咬、耐洗，造型应简单、色彩明亮、适合婴儿的操作，例如套叠玩具、推拉玩具、球、软塑料玩具等。

3. 发展婴儿自我意识的玩具或材料，如镜子等。

适合 1—2 岁幼儿的玩具和游戏材料

1. 能发出声响、增进感知觉发展和大肌肉动作发展的玩具或材料，如推拉玩具、木马、球等。

2. 建构玩具，如积木、拼图。积木以小而轻为宜，数量不必过多，因为学步期间的婴幼儿只是堆积木而不会建构模型。一般一个学步儿童以 20—30 块积木为宜；拼图以 2—3 块为宜，18 个月以后可以增至 3—5 块。

3. 塑料桶、盆等玩水的材料是幼儿喜爱的玩具。

4. 蜡笔等可以培养幼儿涂鸦的兴趣。

5. 促进认知和培养探索兴趣的玩具。大小适宜、安全的家庭生活用品、空盒子、罐子等是学步儿童感兴趣的游戏材料。

6. 成人使用录音带、简单的图画书等，开始亲子共读的活动，激发和培养幼儿对阅读的兴趣。

7. 促进幼儿的象征性游戏和相关能力发展的玩具，例如电话、杯、盘，造型简单、重量较轻的玩偶、填充玩具等。

适合 2—3 岁幼儿的玩具和游戏材料

1. 能促进大肌肉动作技能发展的推拉玩具（如婴儿车、四轮车）、球（以直径 25—30 厘米为宜）、骑乘玩具（如小三轮车，在幼儿 30 个月大的时候为其提供为宜）、让幼儿钻进爬出的空纸箱等；玩沙玩水的材料（例如桶、铲子、筛子、玩具船等）。

2. 提供促进幼儿思维发展的玩具，如可以让幼儿进行造型、配对、排序、计数等活动的玩具和材料。

3. 提供促进幼儿问题解决能力发展的玩具，如软积木或单元积木，配合建构性游戏的玩具车辆、动物等；拼图（30 个月以下的幼儿以 4—5 块为宜，30 个月以上的幼儿以 6—12 块为宜）。

4. 促进认知、语言和表达能力发展的玩具，如逼真程度较高的模拟实物类玩具；满足幼儿阅读需求并可随意涂鸦、表演和创作的图画书、纸、蜡笔、黏土、手指画、安全剪刀以及简单的乐器（如鼓、铃鼓、沙铃等）。

5. 促进幼儿自理能力和独立品质发展的玩具，如练习穿、脱衣服或扣扣子、拉拉链的玩具或材料。

适合 3-6 岁幼儿的玩具和游戏材料

　　玩具的提供不仅要注意数量，还要注意种类，应满足幼儿日益增长的探索和创造的兴趣。

1. 促进大肌肉运动能力发展的推拉玩具（如婴儿车、手推车）、球、骑乘玩具（三轮车或四轮车）。

2. 增进小肌肉动作技能发展的玩具或材料（如串珠、编织等）。

3. 可促进幼儿思维和推理能力发展的，支持幼儿进行比较、分类、配对、排序、计数、测量、实验活动的游戏材料。如拼图（拼图的数量可增至12—50块）、磁铁、放大镜、三棱镜、温度计、罗盘、尺、听诊器、手电筒、岩石、贝壳、水族箱，以及简单的电脑游戏。

4. 满足幼儿建构需要的大型空心积木、中型单元积木等。

5. 促进感知觉和建构、创造力发展的玩具，如玩沙、玩水用具等。

6. 促进认知和创造力发展的玩具，如盒子、大纸箱、旧的衣物鞋帽或日常生活用品等。

7. 促进动手能力和认识发展的玩具，如各种偶类玩具（包括手偶、纸偶等）、交通工具模型玩具。

8. 促进语言表达和审美能力发展的玩具，如图书、蜡笔、彩色笔、水彩笔、画板、各种纸张、安全剪刀、胶水、黏土、颜料等。

9. 促进音乐技能和素养发展的玩具，如录有富有节奏感的音乐、儿歌、童谣，以及响板、木琴等打击乐器。

必须关注的玩具安全
玩具带来的潜在伤害

　　重视玩具安全的目的是儿童在正常使用或可预见的合理滥用下，最大限度地避免因玩具自身的某些缺陷给儿童造成的伤害。这些缺陷可能来自设计、制造工艺或制造材料。造成的伤害可能有：

1. 中毒（毒性）和其他有害物质的伤害；

2. 烧伤或烫伤；

3. 窒息，勒死；

4. 吸入或咽下异物；

5. 跌落；

6. 其他机械伤害，包括切伤、撕裂、擦伤、眼伤、头伤和听觉伤害；

7. 电击；

8. 水上偶然事故的伤害。

家长选择玩具时应注意的事项

安全的玩具应该在正常使用（按玩具的操作说明，或按传统或习惯的、明显的玩具玩耍方式）状态下不会出现危险，在可预见的合理滥用（按非供应商推荐的方法使用玩具，但在正常情况下可能发生的使用方式，包括组合玩具等儿童的自由正常行为）下也不会出现危险。

玩具的机械和物理性能

材料▶▶

所有材料应清洁干净、无污染。由膨胀材料制成的，能完全容入小零件试验器的玩具或玩具部件，在进行浸泡测试时任何部分膨胀不应超过原尺寸的50%。

小零件▶▶

预定供36个月及以下婴幼儿使用的玩具及其可拆卸的部件或经过可预见的合理滥用测试后脱落的部件，不应完全容入小零件试验器。

预定供37—72个月儿童使用的玩具或其可拆卸部件如能容入小零件试验器，其包装应设有警示说明。

某些特定玩具的形状、尺寸和强度▶▶

供36个月及以下婴幼儿使用的玩具不应是小球或含有可拆卸的小球；供36个月及以下婴幼儿使用的奶嘴的长度不应超过16mm。

供37—72个月儿童使用的玩具，如果是小球或含有可拆卸小球或经可预见的合理滥用测试后会脱出小球的话，其包装应设有警示说明。

玩具弹珠、含有可分离弹珠的玩具或经可预见的合理滥用测试后会脱出弹珠的玩具，其包装应设警示说明。

边缘▶▶

供36个月及以下婴幼儿使用的玩具不应有可触及的功能性危险锐利边缘。

供37—72个月儿童使用的玩具如果存在功能性锐利边缘，应设警示说明。

供72个月及以下儿童使用的玩具不应有可触及的危险性金属或玻璃锐利边缘。

供72个月及以下儿童使用的玩具的可触及金属边缘不应含有危险的毛刺和斜薄边；应将玩具边缘做成折边、卷边或曲边，或用永久保护件或涂层予以保护。

供72个月及以下儿童使用的模塑玩

具的可触及边缘、边角或分模线不应有锐利的毛边或溢边，若有则要加以保护，使幼儿不可触及。

螺栓或螺纹杆可触及的末端不应有外露的锐利边缘或毛刺，或使其端部有螺帽覆盖，让锐利的边缘和毛刺不可触及。

尖端 ▶▶

供 36 个月及以下婴幼儿使用的玩具不应有可触及的功能性锐利尖端。

供 37—72 个月儿童使用的玩具，如果存在功能性锐利尖端，应设警示说明。

供 72 个月及以下儿童使用的玩具不应有可触及的危险锐利尖端。

玩具中木制部分的可触及表面和边缘不应有木刺。

突出物 ▶▶

对存在刺伤皮肤潜在危险的突出物，要用合适的方式对其加以保护。

金属丝和杠杆 ▶▶

用于玩具中起增加刚性或固定外形作用的金属丝或其他金属材料必须坚固，避免发生断裂而产生危险的锐利尖端、锐利边缘或突出物。

用于包装或玩具自身的塑料袋和塑料薄膜 ▶▶

塑料薄膜可黏附于儿童口鼻，导致其无法呼吸。但如果厚度大于或等于 0.038mm，则认为危险性较小。

开口周长为 360mm 或以上，深度和开口周长的总和大于或等于 584mm 的软塑料袋，平均厚度应大于或等于 0.038mm。

绳索和弹性绳 ▶▶

1. 18 个月及以下婴幼儿使用的玩具上的绳索和弹性绳的直径应大于或等于 1.5mm。

2. 18 个月及以下婴幼儿使用的玩具上的自回缩绳的驱动机构中，可触及绳索的回缩长度不应超过 6.4mm。

3. 36 个月及以下幼儿使用的拖拉玩具上的绳索或弹性绳，若施以 25N±2N 拉力后测量其长度大于 220mm，则不可连有可能使其缠绕形成活套或固定环的附件。

4. 用不透气材料制成的玩具袋开口周长大于 360mm，则不应采用拉线或绳作为封口方式。

5. 童床上的悬挂玩具、健身玩具及类似玩具，应附有安装说明和必要的危险警示说明。

折叠机构 ▶▶

1. 带有手柄或其他折叠机构部件的玩具推车、玩具四轮婴儿车、玩具摇篮及类似玩具，如果手柄或其他结构部件可能折叠而压在儿童身上，则最少应有一个主要锁定装置及一个副锁定装置，二者应直接作用于折叠机构上；当玩具安装好后，至少其中一个锁定装置应能自动锁定。

2. 对于不存在手柄或其他结构部件会折叠而压在儿童身上的玩具推车和玩具摇篮车，至少应有一个锁定机构或安全止动装置，锁定装置或安全止动装置不应失效。

3. 可承载儿童重量或相应重量的玩具家具及其他玩具中的折叠机构、支架或支撑杆，应设有安全止动或锁定装置以防止玩具的意外移动或折叠。

机械装置中的孔、间隙和可触及性 ▶

选择符合国家相关标准的安全的玩具，防止 60 个月及以下儿童在使用玩具时，被玩具上的金属片和其他刚性材料上的可触及的圆孔夹住手指的危险。

玩具上活动件的间隙，也存在夹伤手指或其他身体部位的潜在危险，在设计和选择玩具时要考虑是否已经做好相关安全防护。例如：乘骑玩具的驱动机构应采用封闭形式，以防止儿童手指和身体其他部位被挤压致伤。

弹簧 ▶▶

要防止带有弹簧的玩具夹住或挤压儿童手指、脚趾和身体其他部位的危险。

封闭式玩具 ▶▶

所有由封闭空间构成、儿童能进入的玩具，不论其是否为预定容纳儿童而设计，都要做到既要有足够的通风孔，还能使封闭在里面的儿童能在无外人帮助的情况下，很容易地逃出。

弹射玩具 ▶▶

硬质弹射物的端部的半径不应小于 2mm。

高速旋转翼或螺旋桨的周围应设计为圆环状以减少可能产生的危险。

弹射物不应有危险锐利边缘和锐利尖端；所有弹射物均不应完全容入小零件试验器。

如果弹射机构能发射非玩具本身提供的专用弹射物，应设警示说明。

水上玩具 ▶▶

水上玩具上的所有气门嘴都应有止回

阀及永久连接于玩具之上的气门塞。当玩具充满气体时，气门塞应能塞入气门座，其留在外面的部分突出玩具表面高度不应超过5mm。

不应有暗示"在无人监护下使用该类玩具是安全的"文字或图案。

水上玩具应有提醒该玩具是不是救生设备的警示说明。

热源玩具 ▶▶

在满负荷输入进行升温测试时，带热源的玩具不应被点燃；手柄、按钮和相关部件的温升不应超过相应规定值；玩具气态可触及部件的温升不应超过相应规定值。

口动玩具 ▶▶

要防止口动玩具或其吹嘴部件无意中被吸入而引起儿童窒息等危险。含有可移动或可脱卸吹嘴（如喇叭的吹嘴）的玩具，其吹嘴不能太小，防止儿童无意中吞下或吸入。

玩具火药帽 ▶▶

玩具专用火药帽在可预见的合理使用过程中不应产生可能伤害眼睛的火花、灼热的物体及碎片。要防止因制造问题或结构缺陷而导致在正常使用情况下的危险性爆炸。

玩具火药帽的包装盒上应有警示说明。

仿制防护玩具 ▶▶

对所有覆盖面部的刚性玩具，进行相应冲击测试时，不应产生锐利边缘、锐利尖端或可能伤及眼睛的松动部件。

液体填充玩具 ▶▶

要防止被刺穿的牙咬玩具及类似产品产生的危害，尤其要避免接触到已被污染或因为刺穿而被污染的液体。

评价液体潜在危害应注意以下几点：

水质液体：

1. 渗漏发生的容易程度；

2. 液体的微生物总量（如致病病菌的数量）；

3. 化学防腐剂的使用（只能是食物中允许使用的防腐剂，并要有一定量的限制）；

4. 其他可溶性物质（如颜料等）。

非水质液体（一些非水质液体由国家法律规定）：

1. 渗漏发生的容易程度；

2. 液体的性质和种类；

3. 液体的体积；

4. 液体的毒性；

5. 液体的易燃性；

6. 对与渗漏液体接触的其他材料的影响。

稳定性和载重要求

要防止容易倾倒的玩具可能引起的危险；要防止玩具家具和玩具箱的门、抽屉或其他可移动部分被拉到最大位置而倾倒

所引起的危险；要防止玩具因超载负重而可能引起的危险。

玩具的燃烧性能

除规定的情况外，玩具不应含有易燃气体、极度易燃液体、高度易燃液体和易燃固体。

玩具材料中可迁移元素的最大限量

玩具及其相关部件的材料中可迁移元素的含量应低于或等于下表中相应元素的最大限量。

玩具材料	元素 （mg/kg）							
	锑 Sb	砷 As	钡 Ba	镉 Cb	铬 Cr	铅 Pb	汞 Hg	硒 Se
除造型黏土和指画颜料的其他玩具材料	60	25	1000	75	60	90	60	500
造型黏土和指画颜料	60	25	250	50	25	90	25	500

玩具安全标示和使用说明

安全标示 ▶

安全标示应醒目、易读、易懂，且不易被擦掉。

安全信息应以提醒消费者注意的格式出现，且应标注在产品包装或产品本身上，以便消费者购买时很容易看到。

例如："警告！内含小零件，不适合3岁及以下儿童使用。"

使用说明 ▶

对玩具的安全使用及组装的有关资料和说明，无论是印在包装上还是单独的说明书，都应该通俗易懂。

玩具年龄组提示的价值与依据准则

为了确保玩具在儿童身体和智力发育的不同阶段是合适及安全的，年龄组的划分与提示就显得格外重要了。

年龄组提示是用来向顾客提供购买玩具的指南，以使消费者根据不同年龄组儿

童的平均能力和兴趣及玩具本身的安全情况，选择适合的玩具。适合不同年龄儿童使用的玩具应该标明最低使用年龄。

年龄组显示儿童平均发育情况，然而并不一定能够反映个别特殊儿童的情况。对于特定玩具是否适合儿童发展阶段，以及是否适合儿童安全玩耍，需要家长结合儿童发展阶段特征、自家儿童发展的具体情况，以及玩具的具体性能特点等做出理智的判断。总之，家长是儿童的最直接、最重要的守护者。

确定年龄组的准则▶▶

为玩具确定适合的年龄组时应考虑以下准则。在全盘考虑所有准则的同时，为了做出更适当的年龄分组判断，每一个准则可有所侧重。

1. 玩具应与儿童操作和玩耍玩具的某些特性的体能相适应。这需要了解一个特定年龄组儿童通常具有的体力及身体协调情况、细微和粗犷的动作情况、体型及力量等。

2. 玩具应与儿童了解如何使用玩具的智力相适应（指理解玩具的使用说明、操作步骤及目的）。为了能激发儿童的能力并促进其发展，考虑某特定年龄组儿童的智力是很重要的。对于儿童来说，玩耍玩具既不应该太容易也不应该太困难。

3. 玩具应满足不同发育阶段儿童玩耍的需要和兴趣。在恰当划分年龄组时，应了解儿童发育程度和制定游戏材料及游戏环境，以促进各个阶段儿童发育是很重要的。儿童玩耍的兴趣和对玩具的喜爱变化很快，应注意儿童在某些阶段对特定玩具的喜爱，因此应该注意玩具的可玩性和对儿童的吸引力。总而言之，玩具必须是有趣的。

掌握儿童成长关键期

什么是关键期？

　　20 世纪 20 年代，一个英国人在印度发现了两个由狼抚养大的女孩，这两个女孩的生活习性与同她们生活在一起的野狼一样。英国人将两个女孩带离狼群，进入了人类社会。其中一个女孩在离开狼群后不到一年由于不适应人类社会而死去，另一个女孩在人们的精心养育下成功地活了下来，一直到 17 岁。在这个狼孩回到人类环境后，人们想方设法恢复她的智力和人性。在长达 4 年的教育训练后，她仍只能听懂几句简单的话，总共学会了 6 个单词。又过了 3 年，词汇增加到 45 个，也只会说几句不流利的话。直到她死的时候，她的智力仍旧停留在相当于 4 岁儿童的水平。

　　目前，世界上已经发现了三十多个由动物抚养长大的人类孩子，这些孩子被称为"野孩"。这些孩子没有一个在回到人类环境后恢复为完全正常的人，他们的大脑功能和相应的智力水平远远落后于同龄人。

　　这些"野孩"的事例说明，在人类诸多能力的发展上，存在着一个神奇而重要的时间段，如果错过了在这个时间段给予其适宜的教育影响，就可能导致某些能力发展缓慢，或不能得到充分发展，更有甚者是停止发展。这个神奇而重要的时间段，被称为"关键期"。

　　关键期存在的一个重要依据来自脑科

学的研究：大脑细胞的发育一般是在母亲怀孕三周后就开始了，而且比身体其他部位的细胞生长得更快。在胎儿期，脑细胞不断生长并分化和迁移到脑中的不同部分，在这个阶段，大脑确定了它未来的框架和功能。一个健康和发育良好的大脑将会给孩子的未来提供重要的保障。

我们的大脑皮层在不断地特化。所谓特化就是越来越专业化，特定的皮层区域负责特定的机能。大脑皮层的各个区域不是以同一速度完成其特化或成熟的过程，不同区域在不同时期成熟。这是人脑的种系演化和个体演化的共同结果，也是人类适应自然和社会发展的一种表现。大脑的不同区域有着不同的成熟时间这一现象，现在正在不断得到发育神经学的证实。

关键期存在的另一个依据来自组织学的研究，这里有一个"先多后少"的铺路原理。举例来说，有一片草地，有一些人从不同方向走过草地，踩出了几条不同的路，走过来的人越多，路会变得越多。但是，最后可能只有几条主要的路得到人们的采纳而保留了下来，而其他的路则由于走的人越来越少，而慢慢消失。

人类的大脑在形成信息网络通路时，也有一个类似的过程。孩子刚出生时，对外界还没有接触，大脑皮层没有形成对事物的网络。随着孩子的成长，由于生活中的大量接触，各种信息网络不断形成，到了 6 岁左右，各种信息网络形成了。有些网络由于不经常使用而慢慢地消失，有些网络由于经常使用得到强化而保留了下来，这些保留的网络就是非常重要的学习和工作的网络。形成这些网络，正是关键期要实现的目标。

幼儿大脑功能的发展不是一条平稳的直线。在不同时期，脑的发育呈现不同的状况，有时快，有时慢。与这种情况相对应，幼儿各种认知技能的获得，比如语言、知觉、注意等也表现出与不同的时间阶段相关联的发展模式。

美国著名心理学家布鲁姆总结有关的研究资源，得出结论：如果一个人 17 岁时的智能为 100%，那么，其 1 岁时的智能发展完成了 20%，4 岁时就达到了智能的 50%，8 岁时则完成了 80%，13 岁时已经到了 92%。由此可见，人类智能的发展主要是在学前期完成的。一个重要的原因就是在学前期有许多关键期的存在，在关键期实现的发展是后来成倍的努力也难以达到的。

最先在教育领域中提出并应用关键期理念的是意大利早期教育专家蒙台梭利。蒙台梭利在自己的教育实践中证明，儿童在某一时期会对某些技能表现出特别的敏感。她把这些特异性的时期叫作敏感期。这个敏感期就是我们现在所说的关键期。

关键期不是绝对的，而是相对的。首先，对于大脑的不同机能，关键期是不一样的；其次，相对于不同的人，关键期也有不小的差别。因此，在谈论关键期时，要注意是针对哪一种机能或技能的关键期，而在应用关键期指导我们对脑机能进行开发，及对儿童施与教育影响时，应该因事而异、因人而异。

儿童不同机能或技能发展关键期

"感知觉发展"关键期
时间：2—5岁

知觉有很多种，在幼儿早期教育中比较容易操作的是对外界事物的形状知觉、大小知觉，以及方位知觉。

形状知觉：形状知觉与几何图形的辨别和掌握有直接的关系，而认识几何图形是学好数学的基础。2—5岁是儿童形状知觉发展的关键期。

大小知觉：大小是相对的，辨别物体的大小比辨别物体的形状难度大一些。对平面图形大小的辨别，比对三维立体体积大小的辨别发展得早一些。2—3岁是儿童对平面图形大小知觉发展的关键期；3—5岁是对体积大小知觉发展的关键期。

方位知觉：方位知觉包括上下、前后、左右等。2—3岁是儿童发展上下知觉的关键期；3—4岁是发展前后知觉的关键期；5岁左右是发展以自身为中心的左右定位的关键期。

"动作表达转折"关键期
时间：4岁

2岁前，虽然幼儿与成人的交流主要是以非语言交流为主，但养育者不要因为孩子不会说规范的语言而忽视他们的语言发展，而要充分运用手势、体态语言与他们交流。对于幼儿来说，动作不仅仅是口头语言的辅助手段。在前语言阶段，姿态与动作是幼儿参与社会交流的基本手段，具有一定目的性、约定性和指代性，发挥着语言替代物的作用。

幼儿语言交流过程中无论是编码还是译码,都必须借助大量的非口头语言的手段。幼儿期动作表达以发展核心动作并进行扩展为主。随年龄增长,幼儿动作表达能力逐渐提高,动作表达能力在幼儿期表现出持续发展的趋势。4岁是动作表达的转折期。动作表达不仅不会因为口头语言的发展而退居其次,而且还与口头语言的发展具有密切的关系。

"语言发展"关键期
时间:6岁以前

从脑科学的发展来看,人类大脑发育达到了某种程度,对哪些机能有了准备,就要开发哪些机能,这样才能事半功倍。人类的语言活动分为口头语和书面语,口头语又可以进一步分为表达和理解,书面语又可分为阅读和书写。语言活动是一个十分复杂的过程。针对不同的语言机能有不同的关键期。总体来说,6岁以前是语言发展关键期。在这个阶段,父母应经常和孩子说话,给孩子讲故事,或多用"反问"的方式,加强孩子的语言能力,为其日后的人际交流奠定良好基础。

"语音发展"关键期
时间:1岁以前

一般都把婴儿出生到第一个具有真正意义的词产生之间的这一时期(0—12个月)划为前语言阶段。在汉语系统中,婴儿的前语言阶段是在语言获得过程中的语音敏感期。

0—1个月的婴儿已能对声音进行空间定位,并能根据声音的物理特征来辨别各种声音的细微差别,表现出对语音(尤其是母亲语音)的明显偏爱。

2个月至3或4个月,婴儿已开始理解语言活动中的某些交往信息,能和成人进行"互相模仿"式的"发音游戏",能够辨别并模仿成人语音,获得了语音范畴性的知觉能力。

5个月至8或9个月,为婴儿语音修正期。婴儿已能辨别语言的节奏和语调特征,并开始根据周围的语音环境改造、修正自己的语音体系。

9至12个月,婴儿已能辨别母语中的各种音素,能把听到的语音转换为音素,并认识到这些语音所代表的意义,在这个阶段被称为学话萌芽期。在这个阶段,婴儿能够经常地、系统地模仿和学习语音，为语言的发生做好准备。

"基本掌握语法"关键期
时间：2—2.5岁

2岁左右，婴幼儿的语言中出现了"三词句"，即在原有双词句的基础上，婴幼儿开始增加动词和其他句子结构成分，使说出的话具有了一般简单句的特征。到2岁4个月至2岁半时，能够说出"四词句"，这表明幼儿进入了完整句的形成阶段。一般来说，2岁半左右，幼儿的语言中出现了简单句，同时开始使用一些修饰词。因此，通常认为这个阶段是幼儿基本掌握语法的关键时期。

"口头语言发展"关键期
时间：2—3岁

2—3岁幼儿发音器官逐渐成熟，在发音方面的困难日渐减少。唇音基本没有困难，但是舌头发音还比较困难。例如"zh、ch、sh、r"等，少数幼儿的"g、k、h、u、e"发音也有困难。大约2岁半以后幼儿开始掌握语言的语法系统，这时往往出现概括现象。例如"妈妈买，妈妈

买"，至于买什么谁也搞不清楚。3岁左右，幼儿能说完整句子，其说话方式基本和成人差不多，能用完整的句子与人交往，表达个人的要求及愿望。

2—3岁是幼儿基本掌握口语的阶段，口头语言发展将持续到入学前。因此，2—3岁是个体口头语言发展的关键期。口头语言表达能力的发展，既有利于内部语言的产生，也为幼儿进入学校接受正规教育、掌握书面语言奠定了基础。

"语言表达能力发展"关键期
时间：3—5岁

3岁前幼儿与成人的语言交际，主要以对话语言为主，往往仅限于回答成人提出的问题，或者向成人提出一些问题。3岁后，在与成人的交际中，他们更渴望把自己的某种体验、印象告诉成人，这能促进幼儿独白语言的发展。

幼儿初期（3—4岁），儿童语言的发展具有情境性特点，想到什么说什么，缺乏条理性、连贯性。随着年龄的增长，幼儿情景语言的比重逐渐下降，连贯语言的比重逐渐上升。在正确教育的影响下，一般到幼儿晚期，儿童就能较清楚、系统、

绘声绘色地讲述看过或听过的事件或故事了。口语表述的内容以物体可视的、外在的特征为主；随年龄增长呈现出由物体固有属性向关系属性转变的趋势。

3—5岁是幼儿口语表达能力快速发展的时期。这是幼儿语言发展进行大量积累的阶段，不仅词的数量大量增加，词的质量也明显提高。引导幼儿将消极词汇转变为积极词汇，提高口语表达能力应是这个阶段语言发展的重点。

"形容词快速发展"关键期
时间：4—5岁

4岁以后，是儿童使用形容词的快速发展时期。4.5岁儿童开始使用描述事件情景的形容词。4—5岁儿童掌握形容词的速度最快。据研究，学前儿童运用最多的形容词有30个，主要是表示事物的外形特征、颜色特征和感觉特征的形容词，如"红""白""圆""烂""干净""大""小""高""长""胖"等。形容词运用的迅速发展，是儿童句子复杂化的一个标志，也是儿童对事物性质认识迅速发展的一个标志。

儿童掌握的词类与概念的发展密切相关。名词、动词、形容词，反映事物及其属性的词，幼儿容易掌握；副词比较抽象，幼儿掌握起来较难；虚词反映事物之间关系，因此幼儿掌握起来更难。

"书面语言发展"关键期
时间：3.5—4.5岁

随着儿童精细动作的发展，3—4岁的儿童开始能够握住笔。到4—5岁时，儿童开始对书籍、阅读和书写感兴趣，有初步的前阅读和前书写能力。与此同时，儿童的词汇量快速增长，词汇的质量也在快速攀升。能够说出的句子的种类在增加，例如能够说出较多带状语的句子。所说句子的长度以7—10个字居多。这对于促进儿童书面语言发展方面有积极而重要的作用。4—5岁是儿童书面语言发展的正式起点，也是书面语言发展的关键时期。

"阅读发展"关键期
时间：4.5—5.5岁

4—5岁的儿童开始能自主选择不同的阅读材料进行阅读。例如故事书、幼儿自制图书等，音像读物及照片集等阅读素材。幼儿能够独立阅读图书，理解画面内容，开始对画面的文字感兴趣，主动学认常见汉字。在适宜的教育引导下，到5—6岁时，儿童能够专心阅读，能理解阅读内容并用语言进行讲述，喜欢阅读各类能理解的图文信息，具备初步的阅读能力，具有良好的阅读习惯。由此可见，4.5—5.5岁这段时间正是儿童阅读兴趣培养、阅读技能提高和良好阅读习惯形成的关键时期。

"秩序发展"关键期
时间：2—4岁

秩序发展关键期是指幼儿对秩序极端敏感的一个非常重要和神秘的时期。在这一时期，幼儿对事物的秩序有强烈的需求，并逐步产生对物体摆放的空间或生活起居习惯的时间顺序的适应性，即秩序感。

按照蒙台梭利的观点，儿童具有两重秩序感，即内部的秩序感和外部的秩序感。内部的秩序感使儿童意识到自己身体的不同部位和它们的相对位置；外部的秩序感则指幼儿对外部世界存在的规律和关系的感知与理解。秩序感的表现形态有安

全感、归属感、时空感、格局感、规则意识等。

1—3岁的幼儿由向内的秩序感逐渐转向向外的秩序感，有强烈的追求外在事物秩序化的欲望，对物品摆设的位置、动作发生的顺序、人物的呈现、物品的所有权等有着近乎苛刻的要求，如若遭到挑战就会感到不安、焦虑，甚至会表现出极端的激烈反应。

在3—4岁，幼儿会出现追求完美秩序的关键期。幼儿对秩序的敏感会上升到对规则的要求：无论在什么地方，我遵守规则你也必须遵守规则，人人都要遵守规则。并且逐渐从服从规则转变为能把一些生活常规进行内化。

5岁之后，幼儿对秩序关系的感受越来越明确、越来越深入，会对时空秩序感和具有美感价值的秩序感，即秩序美感特别关注。

"对细微事物感兴趣"关键期
时间：1.5—4岁

进入对细微事物感兴趣的关键期的幼儿，会突然对一些细小的东西产生兴趣，比如土里的小昆虫、衣服上的细小图案、

地上的烟头等。处于这一时期的幼儿常常会做出一些让大人不理解的细小动作，比如捏起一片掉落的叶子不停地往花盆里插，或是摆弄着花手绢怎么看也不烦。

一般来讲，在1岁半到2岁时，幼儿开始进入关注细微事物的关键期，这一关键期通常会持续到4岁。当然，不同的个体之间可能存在比较大的差异。一旦发现幼儿有了上述行为，家长就可以着手给他一些必要的支持，协助他获得更好的发展。

"动作发展"关键期
时间：6岁以前

一般认为，婴儿动作最早发生在新生儿时期。婴幼儿动作的发展主要有两个方面的内容，即行走动作的发展和手运用技能的发展。这个阶段应充分给幼儿创造运动的机会，使其肢体动作正确、熟练，并帮助其左、右脑均衡发展。除了大肌肉的训练外，也要强调小肌肉的练习，即手眼协调的细微动作教育，这不仅能养成良好的动作习惯，也能促进儿童智力的发展。

"外语学习"关键期
时间：2—6岁

母语和外语这两种语言究竟是同时开始，还是一先一后地发展，一种观点认为两种语言可以同时进行，即当幼儿学说母语时就开始进行第二语种的教育。另一种观点认为，最好等儿童的母语建立了基础后再开始进行第二语种的学习。如果采用第一种观点，成人就需要找到合适的环境和条件，例如父母双方有一方的母语为第二语种等。若采用第二种观点，在幼儿园阶段就可以开始对幼儿进行第二语种的教育。目前，幼儿园的外语教育已经成为一项重要的早期教育内容。

"基本数学机能发展"关键期
时间：2—3.5岁

儿童对数的认识，可以分为辨数、认数和点数三个阶段。

辨数指区别两个集合中的元素的数量的多和少。辨数的发展最早，一些孩子1岁多就已经能够正确辨别物品的多和少了。一般来说，辨数发展的关键期在2岁左右。

认数是指不用点数而凭直觉认识集合中元素的数目。认数的发展比辨数晚一些，比点数早一些。认数发展的关键期在3岁左右。

点数指逐一按物数数，并说出总数是几个。按物数数和说出总数是两个不同的过程，按物数数在先，说出总数在后。点数发展的关键期在3岁半左右。

儿童对数概念的掌握包括两个基本内容：一个是基数，另一个是序数。基数是指一个数的大小，序数是指数与数之间的先后顺序。基数概念的萌发比序数早一些。

一般情况下，儿童到2岁左右才会数数。数数是人类数学技能发展历程中的一个重要里程碑。儿童数数时，一般要遵循五个基本规则：第一个规则是一个数对应一个物体；第二个规则是数与数之间有一定的顺序；第三个规则是数数时数到最后一个数就代表了这个数列所含的数；第四个规则是数数的方法可以用于任何数列；第五个规则是数数时不论从什么地方开始

都行，也就是说一个数列的长短与从什么地方开始数没有关系。这五个规则是掌握数数技能的关键。5岁左右是儿童掌握数数技能的关键期。

儿童序数概念发展的高峰期出现在学前期。3岁儿童的正确率在50%左右，4—5岁的儿童达到了80%。这说明到5岁左右，儿童序数概念已经有了显著发展。

4—5岁儿童正处于在数词和物体数量之间建立联系的关键阶段。这一时期，儿童已经从只对少量的物体具有模糊的数的观念达到了可以形成较为清晰的数的观念的阶段。在感知量的精确性上也有了很大的提高。

在这一时期，儿童能够在数完物体后说出它们的总数，开始理解数量的"守恒"，即能够理解"3"与"3个苹果"在数量上是一致的。儿童可以借助实物进行10以内数的组合与分解，能够做简单的实物加减运算，能够认识第几和前后顺序等。

"自我评价能力发展"关键期
时间：3.5—4 岁

儿童对自我评价的能力发展得比较晚，一般认为在 2—3 岁。3 岁儿童中出现自我评价的人数仅占总数的 22.5%，可见，3 岁儿童自我评价能力也较低。40% 的 3 岁儿童即使进行自我评价也是完全以他人（主要是成人）的评价作为自己的评价标准。儿童自我评价能力开始发生转折的年龄在 3.5—4 岁。此年龄段的发展速度较 4—5 岁时要快，绝大多数 5 岁儿童已能进行自我评价。

幼儿自我评价的特点是：（1）从相信别人的评价到自己独立评价；（2）从主观评价过渡到更多的客观评价；（3）开始以一定社会道德行为准则进行评价；（4）评价所用的语言表达从笼统到具体。

"自我控制能力发展"关键期
时间：3—5 岁

自我控制能力在 3—4 岁儿童中还不明显，但通过外部语言可以进行自动调节，中介变量为社会互动与交流。从缺乏自我控制到有自我控制的转折平均年龄是 4—5 岁。5—6 岁儿童绝大多数都有一定的控制能力。总体来说，幼儿的自控能力还是比较弱的。儿童 3—4 岁时所测得的自我控制水平，与 15—20 年后所测得的自控水平之间的相关，有极其显著的水平。男孩的相关要高于女孩。

"自我情绪体验发展"关键期
时间：4 岁

幼儿早期的体验主要表现为与生理有关的愉快和愤怒，是较为低级的自我体验；委屈、自尊、羞愧感等较为高级的社会性体验还很少。但随着年龄的增长，儿童的各种体验都在发展，社会性体验也在逐渐增强。4 岁左右，幼儿自我情绪体验由与自身心理需要相关联的情绪体验（愉快、愤怒）向社会性情感体验（委屈、自尊、羞愧感）不断深化发展，同时又表现出易受暗示性影响。动手做事有利于幼儿情绪情感体验的发展。

"交往能力发展"关键期
时间：1—1.5 岁，3—4 岁

16—18 个月，是幼儿交往能力发展的转折点，此后，幼儿参与社交性游戏的

频率迅速增长。从 3 岁起，儿童偏爱同性伙伴，经常与同性伙伴在一起游戏、活动。3 岁以后儿童的交往频率更高，交往的时间更长，交往活动的种类更多，交往的积极性、主动性增强，合作性游戏随着年龄的增长而增多。3—4 岁，幼儿依恋同伴的强度和与同伴建立起友谊的频率有显著增长。

"社会规范认知与学习"关键期
时间：2.5—6 岁

2—3 岁儿童对引起事情的原因只有模糊的了解，且他们的行为直接受行为的结果所支配，因而这个年龄段的儿童，既不是道德的，也不是不道德的。从 4 岁开始，有 71.67％的儿童能够运用一定的道德行为规范来评价自己和他人关系的好坏；4 岁以后的儿童，还能根据一定的道德规范来对待长者。但是 4 岁儿童还不能自觉模仿成人从社会意义上来评价道德行为的好坏。5—6 岁儿童能够在一定程度上模仿成人从社会意义上评价道德行为的好坏。

通常来说，2 岁半后，儿童开始逐渐脱离以自我为中心，而对结交朋友、群体活动有明显倾向。这时父母应帮助孩子明确生活规范、日常礼节，使其日后能遵守社会规范，能够自律。

"文化认同发展"关键期
时间：0—6 岁

蒙台梭利认为幼儿对文化学习的兴趣萌芽于 6 岁，6 至 9 岁儿童出现了探索事物的强烈要求以及对周围环境产生出浓厚的兴趣。一方面，这一时期的幼儿对科学文化产生强烈的探究意识。另一方面，他们还会对所处社会的文化与价值观有一定的了解和理解，并会形成一定的文化认同感和对所属集体的归属感。

如果将"对文化形成深刻印象，存储在记忆深处""关心周围事物，怀着好奇心，打破砂锅问到底地探究，不停地问是什么、为什么"等作为处于文化敏感期的儿童的主要特征，那么，儿童文化敏感期的起始点可能要早于 6 岁。中国几千年的教育实践与观察证实，0—3 岁的教育对儿童成长发展的影响最为深远，3—6 岁次之。由此可见，0—6 岁这一时期，对于儿童文化认同方面的发展有着特别重要的作用。

9个月至2岁为婴幼儿认知生理自我的时期。婴幼儿在这一时期最早注意到自己身体的各个部位，如脸、头、眼睛、鼻子、耳朵、手、脚、肚子等，并知道这些部位是属于自己的而不是别人的。这时期，婴幼儿对于自己的所属物，如属于自己的衣服、玩具、器皿、食物等也会有比较深刻的认识。

2－3岁是儿童认识社会自我的时期。这一阶段的儿童对自己的认识不仅表现在身体上，而且还表现在逐渐体验到的自我需要上。这种需要不仅有生理的需要，更有社会的需要。除了吃喝拉撒睡的需要外，幼儿还有游戏、交往、说话、唱歌、跳舞等各种需要。

插画：宋雪

社会文化对儿童成长发展的影响

对于"文化"一词的内涵与外延，不同学科背景的人，可能会给出差异极为显著的说法。专注于社会中"文化"对于个体成长影响这一议题，我们认为，"文化"是生态环境和人类族群长期相互影响和作用后形成的某个族群所独有的特殊财富。"文化"具有"顶天立地"的性质。"顶天"体现为"文化"是一种高层次的精神追求，在潜移默化中塑造着人的价值观、思维方式与风俗习惯；"立地"体现为"文化"通过非常具体的事物或活动方式来作用于浸润其中的个体的成长与发展。

音乐绘画的艺术创造中有文化的传承与创造，待人接物的礼仪规范中有文化的

默默影响……无论一个人生活在哪个地区，哪个族群，必然会受到其所特有文化的影响、支持与约束，从而获得相应的价值观、思维方式，理解和遵守该族群所特有的风俗习惯与行为规范。

地球上有文字记载的文明，已有五千多年的历史。如果追溯文字出现前，人类社会一代又一代通过口口相传方式延续文明的历史，人类文明可能已经发展上万年、数万年或者更加久远。浩瀚的历史星河，凝聚了一颗颗璀璨的文化明珠——中国传统文化、古印度文化、古希腊文化、埃及文化、罗马文化、古巴比伦文化、阿拉伯文化、西方文艺复兴时期的古典文化与现代文明等等。毋庸置疑，这些不同时

期、不同地域的文化，均对生存于其中的人有着独特的影响。

科技与经济的发展，时间与空间的距离明显缩短，塑造了今天的"地球村"。各个族群文化的交互影响和渗透，成为不可回避的社会发展大趋势，多元文化社会正在形成。无论是主动的还是被动的，人们除了受到本地区、本族群的文化影响，有更多的便利条件去接触和了解其他地区与族群的文化。经济发展全球化、物质生活丰富化、精神追求多元化……共同构造了现代人的生存环境。

在这样复杂多变多元的社会环境中，如何培养自己的后代，自然成为人们必须面对的重中之重的课题。拥有健康的身体，拥有国际视野，拥有丰富的知识，拥有一技之长，发展多元爱好，拥有好性格，养成好习惯……这些都很重要。

总而言之，在教育后代的问题上，最重要莫过于引导孩子拥有正向的价值观、科学的思维方式和良好的行为习惯。近代西方社会基于科学精神的价值观认为，一件事情只有经过科学实验的证实，经得住时间的考验，才是正确的。在这点上，中国人是幸运的。在人类历史上，中国是唯一文化未曾出现断层的国家。中国有经过几千年历史验证和沉淀下来的宝贵文化财富，形成了适合成人使用的四书五经，也形成了适合孩子们使用的《弟子规》读本等等。

有人会说，古人所著的东西，不适合现在的情况了。不可否认，如《弟子规》中的某些案例在现在社会中使用，是不合时宜的。但是，作为智慧的现代人，我们不应该因噎废食。从"正向价值观、科学思维方式和良好行为习惯"这三项价值取向来说，《弟子规》无疑是一份非常优秀的儿童启蒙读物。《弟子规》等读本中被几千年历史验证的价值观与思维方式，再加上现代社会适宜的案例演绎配合，无疑对孩子们会有非常强大的正面影响。从古今中外的文化宝库中，寻找具有正能量的财富，引导孩子接触、接纳、吸收和融合，这是成人应该为我们的孩子做的最重要的事情。另外，在处理"社会文化"这一比较抽象而不可或缺的义项时，我们惊喜地发现《弟子规》具有某种"指标"的简明和直接，可以说是古人留下的"儿童社会文化成长指标"。

附：弟子规

总叙

弟子规　圣人训　首孝弟　次谨信
泛爱众　而亲仁　有余力　则学文

入则孝

父母呼　应勿缓　父母命　行勿懒
父母教　须敬听　父母责　须顺承
冬则温　夏则凊　晨则省　昏则定
出必告　反必面　居有常　业无变
事虽小　勿擅为　苟擅为　子道亏
物虽小　勿私藏　苟私藏　亲心伤
亲所好　力为具　亲所恶　谨为去
身有伤　贻亲忧　德有伤　贻亲羞
亲爱我　孝何难　亲憎我　孝方贤
亲有过　谏使更　怡吾色　柔吾声
谏不入　悦复谏　号泣随　挞无怨
亲有疾　药先尝　昼夜侍　不离床
丧三年　常悲咽　居处变　酒肉绝
丧尽礼　祭尽诚　事死者　如事生

出则悌

兄道友　弟道恭　兄弟睦　孝在中
财物轻　怨何生　言语忍　忿自泯
或饮食　或坐走　长者先　幼者后
长呼人　即代叫　人不在　己即到
称尊长　勿呼名　对尊长　勿见能
路遇长　疾趋揖　长无言　退恭立

骑下马　乘下车　过犹待　百步余
长者立　幼勿坐　长者坐　命乃坐
尊长前　声要低　低不闻　却非宜
进必趋　退必迟　问起对　视勿移
事诸父　如事父　事诸兄　如事兄

谨

朝起早　夜眠迟　老易至　惜此时
晨必盥　兼漱口　便溺回　辄净手
冠必正　纽必结　袜与履　俱紧切
置冠服　有定位　勿乱顿　致污秽
衣贵洁　不贵华　上循分　下称家
对饮食　勿拣择　食适可　勿过则
年方少　勿饮酒　饮酒醉　最为丑
步从容　立端正　揖深圆　拜恭敬
勿践阈　勿跛倚　勿箕踞　勿摇髀
缓揭帘　勿有声　宽转弯　勿触棱
执虚器　如执盈　入虚室　如有人
事勿忙　忙多错　勿畏难　勿轻略
斗闹场　绝勿近　邪僻事　绝勿问
将入门　问孰存　将上堂　声必扬
人问谁　对以名　吾与我　不分明
用人物　须明求　倘不问　即为偷
借人物　及时还　后有急　借不难

信

凡出言　信为先　诈与妄　奚可焉
话说多　不如少　惟其是　勿佞巧

奸巧语	秽污词	市井气	切戒之
见未真	勿轻言	知未的	勿轻传
事非宜	勿轻诺	苟轻诺	进退错
凡道字	重且舒	勿急疾	勿模糊
彼说长	此说短	不关己	莫闲管
见人善	即思齐	纵去远	以渐跻
见人恶	即内省	有则改	无加警
唯德学	唯才艺	不如人	当自砺
若衣服	若饮食	不如人	勿生戚
闻过怒	闻誉乐	损友来	益友却
闻誉恐	闻过欣	直谅士	渐相亲
无心非	名为错	有心非	名为恶
过能改	归于无	倘掩饰	增一辜

泛爱众

凡是人	皆须爱	天同覆	地同载
行高者	名自高	人所重	非貌高
才大者	望自大	人所服	非言大
己有能	勿自私	人所能	勿轻訾
勿谄富	勿骄贫	勿厌故	勿喜新
人不闲	勿事搅	人不安	勿话扰
人有短	切莫揭	人有私	切莫说
道人善	即是善	人知之	愈思勉
扬人恶	既是恶	疾之甚	祸且作
善相劝	德皆建	过不规	道两亏

凡取与	贵分晓	与宜多	取宜少
将加人	先问己	己不欲	即速已
恩欲报	怨欲忘	报怨短	报恩长
待婢仆	身贵端	虽贵端	慈而宽
势服人	心不然	理服人	方无言

亲仁

同是人	类不齐	流俗众	仁者希
果仁者	人多畏	言不讳	色不媚
能亲仁	无限好	德日进	过日少
不亲仁	无限害	小人进	百事坏

余力学文

不力行	但学文	长浮华	成何人
但力行	不学文	任己见	昧理真
读书法	有三到	心眼口	信皆要
方读此	勿慕彼	此未终	彼勿起
宽为限	紧用功	工夫到	滞塞通
心有疑	随札记	就人问	求确义
房室清	墙壁净	几案洁	笔砚正
墨磨偏	心不端	字不敬	心先病
列典籍	有定处	读看毕	还原处
虽有急	卷束齐	有缺坏	就补之
非圣书	屏勿视	敝聪明	坏心志
勿自暴	勿自弃	圣与贤	可驯致

更多内容，请访问芝兰玉树教育研究院网站（www.zlysedu.org）。

儿童成长模式 元素图谱

健康	语言	音乐	综合
全身动作与大动作	语音声调	听辨	感知
精细动作	词汇、句子和语法	歌唱	探索
人体认识与保护	倾听和理解	韵律	观察、问题和假设
安全意识与防护	说与交流	节奏	收集并建构知识
心理健康	早期阅读	乐器	信息组织与理解
生活自理	书面表达	表演	问题解决
食物与营养	文学欣赏	音乐欣赏	学习品质
卫生与健康行为			媒体素养与信息技术

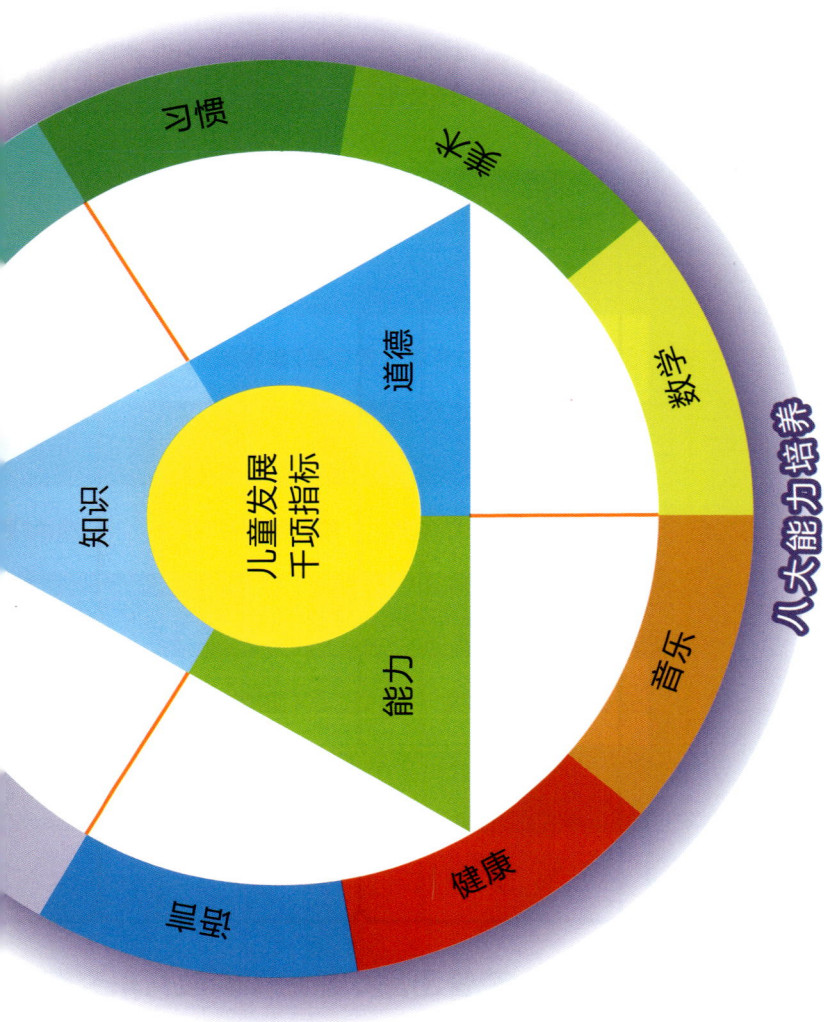

八大能力培养

习惯

术

数学

道德

儿童发展
千项指标

音乐

知识

能力

健康

惯

中国（0—6岁）儿童成长指标体系

健康领域

　　对于个体来说，健康是一种身体上、精神上良好的状态和适应能力，并非只是没有疾病和衰弱。

　　健康领域的教育，是指通过信息传播和行为干预，帮助幼儿掌握卫生保健知识，树立健康观念，自愿采纳有利于其健康的行为和生活方式的教育活动。

健康

全身动作与大动作

精细动作

人体认识与保护

安全意识与防护

心理健康

生活自理

食物与营养

卫生与健康行为

全身动作与大动作：指促进涉及胳膊、腿、足部肌肉或全身的较大幅度的动作的发展，例如爬、跑、跳等。

精细动作：指较小的动作，例如用大拇指和食指拿起东西、转动脚趾等。

人体认识与保护：指培养幼儿科学地认知、使用、保护和锻炼身体器官。

安全意识与防护：指帮助幼儿树立安全意识，引导幼儿学习必要的安全常识，激发幼儿参加体育活动的兴趣，培养幼儿良好的行为习惯等。

心理健康：指培养幼儿的情绪反应适度、自我体验愉悦、社会适应能力强、心理发展达到相应年龄儿童组的正常水平。

生活自理：指帮助幼儿获得自己完成身边各种力所能及的事情的能力，主要包括自己穿脱衣服、鞋袜，收拾整理衣服、独立进餐等。

食物与营养：食物是由碳水化合物、脂肪、蛋白质或水构成，能够借进食或是饮用为人类或者生物提供营养或愉悦的物质。营养指机体摄取、消化、吸收和利用食物或养料的整个过程。食物与营养，指引导幼儿能够初步了解食物与营养的关系，并能够做到不偏食、不挑食，均衡地摄取身体成长所需要的各种营养。

卫生与健康行为：卫生指为增进人体健康、预防疾病、改善和创造合乎生理、心理需求的生存环境、生活条件所采取的个人的和社会的卫生措施。健康是指一个人在身体、精神和社会适应等方面都处于良好的状态。卫生与健康行为，指促进幼儿养成讲卫生和其健康发展的行为的总称。

儿童成长指标

全身动作与大动作

大运动动作发展

☆38.1月，单脚站立10秒。

☆40.2月，单脚跳。

☆46.3月，抓住蹦跳的球。

☆47.0月，脚跟对脚尖地向前走。

整体描述

☆能用肢体动作对音乐作出反应，能模仿简单的动作。

☆喜欢做模仿操及各种模仿游戏。

☆在走、跑、跳、投、钻、爬、攀登的游戏中，能平稳地控制自己的身体。

☆会玩球、小车等多种中小型运动器材。

精细动作

精细动作发展

☆38.7月，模仿画"十"形。

☆46.2月，画人画了三处。

☆46.4月，模仿画"口"形。

整体描述

☆能准确地把胶泥揉圆、压扁等，发展手上动作灵活性。

☆会握笔。

☆会用按扣、粘扣、系扣的方式固定物品。

☆能够学会缠绕动作。

☆能在游戏中发展小肌肉的力量。

人体认识与保护

☆不用脏手揉眼睛，不将手和其他异物放入口鼻中。

☆能配合医务人员进行身体检查，预防接种及治疗。

安全意识与防护

☆知道外出时不离开成人，不接受陌生人给的东西，不跟陌生人走。

☆知道自己的姓名、年龄、性别。

☆懂得有秩序地上下楼梯以及安全使用运动器械。

☆认识交通标志，如红绿灯、人行横道线，并知道这些交通标志的意义与作用。

☆了解基本的道路交通安全规则，如"红灯停、绿灯行"，走人行道，靠右行走等。知道并能做到不在马路上踢球、奔跑等。

☆知道不随便开启家用电器，特别是电熨斗、电取暖器等；不玩电线和插座。

☆知道出去玩的时候不随意离开集体。

☆知道在与小朋友一起做游戏时，不得使用手中的玩具或物品去打其他小朋友的身体，特别是头部。

心理健康

☆情绪稳定、愉快，有安全感，逐渐建立与老师的依恋关系，适应幼儿园生活。

☆愿意向成人和同伴表达自己的情绪。

☆能用语言和非语言方式（动作、表情等）表达自己的需要。

☆喜欢到户外去玩，愿意与家长或老师一起参加户外活动。

☆身体某部位不舒服时能够准确地说出来，知道寻求成人的帮助以解决问题。

生活自理

☆会使用小勺独立进餐，掌握基本的用餐方法。

☆逐步学会按次序穿脱衣服和鞋袜。

☆知道叠衣服和裤子的简单方法。

☆进一步理解和更熟练地掌握前一年龄段学习的生活自理技能。

食物、营养与健康

☆知道要安静地用餐。

☆不吃不干净的食物。

☆不乱吃零食。

☆认识常见食物。

☆初步了解食物与营养的关系。例如哪些食物含淀粉多，哪些食物维生素含量高等。

卫生与健康行为

☆喜欢喝白开水，养成经常喝水的习惯。

☆养成良好的卫生习惯，做到饭前洗手、饭后擦嘴与刷牙。

☆会用正确的方法洗手、洗脸。

☆能够做到饭后刷牙。

☆知道要使用自己的毛巾、水杯和清洁的手绢或纸巾。

☆学会自己如厕，养成定时大便、不憋尿的习惯。

☆知道感冒病毒会传染，了解并掌握不把病菌传给其他人的简单措施。

语言领域

　　语言是人类所特有的用来表达意思、交流思想的工具，是一种特殊的社会现象，由语音、词汇和语法构成一定的系统。人们借助语言保存和传递人类文明的成果。

　　语言领域的教育是指培养幼儿清楚、正确地发音；丰富幼儿的词汇，发展幼儿的思维和口头语言的表达能力；培养对文学作品初步的兴趣，以及初步的审美能力。

语言

语音声调

词汇、句子和语法

倾听和理解

说与交流

早期阅读

书面表达

文学欣赏

语音声调：语音是语言的外壳，正是因为有了语音，语言才成为可以被人们感知的东西，使人们之间的思想交流更为直接、便利。声调是音节的高低，汉语是有声调的语言，不同的声调和不同的声母韵母一样，能代表不同的意思。

词汇、句子和语法：词汇是语言的组成部分，一个人要很好地掌握语言这一交际工具，必须掌握足够的词汇，才能明确地表达自己的思想，才能与别人自如地进行交流。句子是语言运用的基本单位，它由词、词组（短语）构成，能表达一个完整的意思，如告诉别人一件事，提出一个问题，表示要求或者制止，表示某种感慨，表示对一段话的延续或省略。语法包括词法和句法两部分：词法主要是指词的构成，变化和分类规律；句法主要是指短语和句子等语法单位的构成和变化规则。

倾听和理解：是指启动听觉器官，接收语音信息，儿童能够听懂指示、故事和对话等。

说与交流：是指用口头语言来表达自己的思想、情感，以达到与人交流的目的。

早期阅读：是指0—6岁学前儿童通过变化着的色彩、图像、文字或成人形象地读讲来理解读物的活动过程。

书面表达：是指用书面文章的形式把自己的观点、见解和态度表达出来，它的优势在于直观明确，由于给予了表达者足够的时间去构思和润色，避免了口头表达内容观点的遗漏、逻辑性差等缺点，在内容上比较深刻和全面。学前期较为重视书写技能的培养，包括幼儿小肌肉的协调性、对字形的空间知觉、方位知觉的发展。

文学欣赏：是在理解文学作品的基础上，通过想象、联想、情感、思维、再创造等心理活动领略作品，以追求作品的可读性和趣味性。

儿童成长指标：

语音声调

☆对于生活在方言区域的幼儿，要开始逐步引导其学说普通话。

☆幼儿由于不能区别发音上的细微差别，不能正确发音，常出现错音、丢音、换音等语音错误现象。例如："狮子"读成"希儿"；"六"读成"又"；"岗亭"读成"钢琴"等。成人要注意纠正幼儿的发音，切忌学说幼儿的错误发音。

☆会学正确发音。培养学前儿童正确掌握1300多个普通话的音节（包括声母、韵母、声调）。

☆要能发好儿化音。教儿童发儿化音时，要注意儿化的发音是靠卷舌作用，"儿化音"不是单独一个音节，而是在音节末尾附上卷舌动作。

☆能够利用儿歌、绕口令练习发音。

☆知道每一个字的发音不同，所代表的意思也不同。

☆学习做练习正确发音的游戏。

词汇、句子和语法

☆学说完整句。用口头造句的形式培养儿童练习说完整句。

☆可以从口头造句开始，引导幼儿用一个完整的语句表达自己的思想。

☆能独立地念儿歌，说简短的句子。

☆学习运用能理解的常用名词：如周围物品（玩具、餐具、家具、服装等）、常见的交通工具和动植物的名称。

☆学习运用能理解的常用动词：表述吃饭、穿衣、上课、游戏等活动的动词。

☆学习运用能理解的常用形容词：表形状的大、小、方、圆；表颜色的红、黑、白、绿、黄；表味道的酸、甜、苦、辣；表动作的跑、跳、走；反映感觉的痛、饿、渴、烫等；还可以掌握表示物体重量和说明人的行为正确与错误的形容词。

☆学习运用能理解的常用人称代词：你、我、他。

☆学习运用10以内的基本数词和常用的量词，如个、把、只、对、双等。

倾听和理解

☆学会注意倾听他人讲话，听懂日常生活用语，并能做出反应。例如："新年你去哪里玩了？和谁去的？遇到了什么事？哪件事使你最开心？"等。

☆喜欢听儿歌，理解儿歌大意，愿意跟读儿歌。

☆乐意听爸爸、妈妈、老师和同伴讲话。

☆能听懂普通话。

☆听别人说话时，能保持安静，不打断别人说话。

说与交流

☆愿意用语言与别人交流，并喜欢应答。

☆能用语言及非语言方式（动作、表情等）表达自己的需要。

☆会使用简单的礼貌用语与成人打招呼，例如：会说"您好、请问、再见、欢迎"等。

☆能用简短的词语与熟悉的人交谈，喜欢问答式的交谈。

☆在语言交流中，态度要自然，声音要悦耳，说话要有礼貌，不撒娇和不粗暴地讲话。

☆愿意学说普通话，喜欢与老师、同伴及成人交谈。

☆知道在集体面前要大声发言，在个别交谈时音量要适当。

☆会用简单的语言回答问题，表达自己的请求、愿望、感情与需要等，能讲述图片和自己感兴趣的事。

早期阅读

☆听故事，理解其大意，能复述故事的一部分或者一个短小的故事。例如成人给幼儿讲故事《甜甜找朋友》，讲完后提问："甜甜想跟谁玩？他们在干什么？"等，引导幼儿根据故事回答。

☆喜欢和成人一起翻看自己熟悉、感兴趣的图书，能发现、指出、讲述画面中感兴趣的人或物。

☆能够一页一页地翻看图书。有爱护图书的意识，初步学习收放图书。

☆能够主动要求听故事、儿歌，喜欢故事中的象声词和幽默语言，喜欢随故事和儿歌的内容做出表情、动作或语言，愿意跟读。

☆根据画面中感兴趣的人或物，能串联一个完整的小故事，并讲述出来。

☆能回答故事中的有关问题，对故事的理解常与自己的生活相联系。

☆能仿编较简短的儿歌、散文和故事等。

☆知道可以用一段话来表述一幅图的含义。

☆喜欢听成人讲述图书的内容，并尝试自己阅读图书。

☆学习正确的阅读方法，会按顺序一页一页地翻阅图书，看出图书画面内容的主要变化。

☆对文字感兴趣，能学认常见的简单汉字。

书面表达
☆学会正确的握笔方法。

文学欣赏
☆喜欢欣赏木偶剧、歌谣、故事、动画片、皮影戏、儿童剧、小歌剧等形式的艺术作品，并能模仿剧中人物的表情、动作、语言等。

☆有参与戏剧性表演活动的初步愿望，愿意在日常生活和游戏中观察、模仿与表现感兴趣的动物、人物的动作和表情，并加入到自己的创作和想象中。

☆愿意欣赏并初步感受和理解不同体裁的幼儿文学作品。

科学领域

　　科学是指反映自然、社会、思维等的客观规律的分科的知识体系，是对一定条件下物质变化规律的总结。

　　科学领域的教育，指激发、引导和支持幼儿主动进行探究，使其经历从探索到发现的求知过程，以获得有关周围物质世界与生命世界及其关系的经验。

科学

物质科学

地球资源与环境

生物科学

宇宙的起源与演变

科学家与科学的历史

科学探究

物质科学：指帮助幼儿了解物质和材料的性质，初步理解物体的位置与运动，认识声、光、热、电、磁等自然现象。

地球资源与环境：指教导幼儿了解地球上物质和资源的基本属性和特征，以及刮风、下雨等地球空间中发生的各种天气现象，引导幼儿关心地球的环境变化，爱护环境，节约能源。

生物科学：指帮助幼儿初步了解各种生命体的特征，生命周期，以及生命体与其所处的环境的关系，并在一定程度上了解生命体与非生命体的区别。

宇宙的起源与演变：指让幼儿认识太阳、月亮、星星等天体；知道恒星与行星、卫星的区别；初步理解在我们居住的银河系外，还有很多星系，在其他星系中可能有生命的存在等。

科学家与科学的历史：引导幼儿了解在人类科技发展史上做出过重要贡献的科学家，以及他们的一些事迹，培养其尊重科学、热爱科学的意识。

科学探究：指帮助幼儿在一定程度上理解观察、比较、分类、测量、表达、推论、预测、假设、定义、控制变量等科学领域的研究与实践方法，并在这些维度上获得相应的发展。

儿童成长指标：

物质科学

物质
科学
├─ 物质与材料的性质
├─ 物质的运动与位置
├─ 能量的形式，声、光、热、电和磁
└─ 工具与设计技术

1. 物质与材料的性质

☆喜欢摆弄不同的玩具材料，感知各种材料（沙、水、泥等）的突出特性。

☆知道物体有软硬、粗糙、光滑等特征。

☆知道物体有许多可以观察的性质，包括尺寸、重量、形状、颜色、温度等，具有与其他物质进行反应的能力。

☆通过观察、品尝，了解糖果的形状、颜色、味道，知道糖果种类的丰富多样。

☆学习用手触摸来感知物体的方法。

☆学习运用耳朵听辨各种物体发出的声音。初步懂得耳朵等感官的用处，知道要爱护自己的五官。

☆在摆弄玩具和探索的过程中，初步发现镜子能照出人或物体。

☆了解帽子的不同质地、不同功能的帽子。

☆观察周围的生活用品。例如椅子、水杯、拖布等。

☆学习运用感官感知物体，用鼻子闻食物的气味。

☆学习用团圆的方法搓小元宵，并初步了解元宵的制作过程和煮熟后元宵的变化。

2. 物质的运动与位置

☆感知陀螺在不同质地的圆盘（金属圆盘、布圆盘、木圆盘等）上面旋转速度的快慢不同。

☆懂得推和拉可以使物体移动。

3. 能量的形式，声、光、热、电和磁

☆喜欢玩影子游戏，初步了解物体挡住光线后是有影子的。在游戏中观察、了解影子的特点。

☆初步了解冰块是由水变成的，冰又能变回水。

☆观察糖在水中溶解的过程及所发生的变化，并能用语言表达自己的发现。对溶解的现象产生好奇，并愿意思考"糖怎么不见了？"的问题。

☆对生活中的各种声音感兴趣。（户外活动或外出，可以有意识地引导幼儿闭上眼睛，倾听小鸟的叫声、风声、说话的声音、浇花的水声等并说说喜欢哪种声音）

☆知道许多家用器具是用电的，但错误地使用是危险的。

4. 工具与设计技术

☆能主动探索多种不同玩具的玩法，了解多种玩具的特点和性能。

☆通过观察、探索活动，知道手电筒是多种多样的，能够帮助人们照明。学习用推、按、拧等不同方法开手电筒。

☆喜欢操作、摆弄成双成对的物体。将两套或多套小物件做成玩具，引导幼儿在摆玩中学习物体的对应关系。

☆接触和使用常见的简单有趣的工具。例如：小锤子、小铲子、起子等

地球资源与环境

地球资源与环境
- 地球上的物质与资源
- 环境变化
- 天气与天气预报

1. 地球上的物质与资源

☆通过玩水体验水的特点，观察、发现玩水时的简单现象。

☆知道水是一种宝贵的自然资源，不浪费水，节约用水。

2. 环境变化

☆春天踏青，感知春季最明显的特征，发现小草发芽等自然变化。初步了解春天里万物复苏的常识。

☆秋游，感知秋季最明显的特征，发现树叶落等变化。初步了解秋天里树叶会变黄飘落的常识。

3. 天气与天气预报

☆通过观察雪，初步了解雪的基本特征。对雪产生兴趣。

☆通过观察下雨，了解雨和雨水的特征。对雨产生兴趣，关注天气的变化。

☆知道天气每天都在发生变化，每个季节都在发生变化。

☆观察云朵，发现在不同天气状况下云朵的色彩、外形的变化。

☆感知四季最明显的特征，以及下雨、下雪等自然现象，体会天冷了要多穿衣服、天热了要少穿衣服等人与自然的关系。

生物科学

生物科学
- 动物
- 植物
- 生命与生命过程
- 生命体与非生命体的区别

1. 动物

☆观察小乌龟的外形特征及其较为明显的生活习性。

☆学习观察认识蝴蝶的外形特征，了解蝴蝶的生活习性。

☆观察并发现动物宝宝和动物妈妈的异同。对动物的外形特征感兴趣。对动物的活动和生长有初步的兴趣。

☆观察小兔子的外形特征及其较为明显的生活习性。

☆到周围社区的草丛中散步，培养孩子观察蚂蚱、蚂蚁的兴趣，知道要爱护小动物。

☆关注小鱼生长环境的变化，爱护小鱼。

2. 植物

☆认识大蒜等生活中常见的植物，了解其特性。

☆知道生活中常见植物（例如：一串红等）的名称。通过观察了解其外形特征，愿意积极表述自己对植物的想象和认识。

☆能说出几种常见的水果名称，了解其典型特征，例如香蕉、菠萝、桃子、杏等等。运用多种感官感知、认识各种水果，了解水果品种的多样性。知道吃水果要讲

究卫生，不乱扔果皮、果核。

☆知道常见树木（例如：杨树、梧桐树、槐树、榕树等）的名称，通过观察了解其外形特征。培养爱护、爱惜植物的意识。

☆知道常见花草（例如：鸡冠花、木槿花、迎春花等）的名称，了解其外形特征，懂得爱护花朵。

☆学习用各种感官感知迎春花，知道它是春天里开得最早的花，又叫"报春花"。初步了解一年之计在于春的意义。

☆知道蒲公英是春天开的花，有很特别的花朵和有趣的茎、叶。用自己的方式表达对蒲公英的认识。

☆品尝葡萄，了解葡萄是从哪里来的，什么颜色等。理解农民耕作的辛苦。

☆搜集、了解秋季的农作物，例如玉米等。

☆秋天时节，主动到周围环境中观赏菊花，边观察边讨论菊花的颜色、花瓣、叶子是什么样的。对植物的突出变化感兴趣，感知植物季节变化的典型特征。

3. 生命与生命过程

☆观察春天，感受春天的美。从树、花、草中找出春天来到时的特征并用语言表达

自己的认识和发现。

☆春天到了，幼儿园里的各种花开放了，学习关心、照料和管理幼儿园里的各种花草。

☆了解鸡雏的生长过程。尝试用语言和身体动作表达自己的认识。懂得尊重生命和爱护生命。

☆通过观察认识各种各样的蛋，知道蛋有大小和颜色的不同，知道鸡、鸭、鸽、鸟等都会生蛋。对事物有探究的兴趣，学会爱护各种蛋宝宝。

☆知道生物品种的繁多，其中包括人类。

☆知道人需要阳光、水、食物、空气、温度和适宜的环境。

☆知道动植物需要具备一定的条件才能生存，知道要主动保护各种动植物的生存环境。

4. 生命体与非生命体的区别

☆知道动物、人需要呼吸、吃饭才能生存。

☆知道石头、玩具不需要呼吸、吃饭。

宇宙的起源与演变

认识白天和黑夜，早晨和晚上。

知道地球、太阳、月亮是相隔一定距离的行星、恒星和卫星。

知道天空中的星星比我们任何一个人所看到的都要多。

科学家与科学的历史

此年龄段该条目下暂未设定儿童成长指标

☆知道一些著名科学家的故事。例如牛顿和苹果的故事，爱迪生与电灯的故事，李时珍与《本草纲目》的故事，徐霞客的故事，阿基米德与皇冠的故事等。

科学探究

☆乐意参加种植活动。学习并尝试用"按压"的方法种大蒜。关注植物的生长，并且连续观察自己种的大蒜。

☆尝试用自己的方式（语言、动作等）表达对小动物（例如：小乌龟、小兔子等）的认识和感受。有关心、爱护小动物的情感。

☆初步学习运用感官进行有序地观察。有观察的兴趣，愿意积极表述自己对梧桐树的想象和认识。

☆能够根据树叶的外形特征寻找相应的大

树。感受用树叶做游戏的乐趣，观察大树妈妈与小树叶的亲情。

☆自由探索开玩具汽车的方法。注意观察开汽车时的现象，产生好奇心。乐于和同伴交流自己的发现。

☆对影子产生兴趣，愿意参加探索游戏活动，大胆表达自己的想法。

☆在探索游戏中对冰产生兴趣，乐于将自己的发现告诉大家。

☆通过实验，了解冰是由水冰冻而成的。学习用各种材料做冻冰花，体验做冻冰花的乐趣。

☆学习运用感官感知物体，用鼻子闻食物的气味。愿意用语言表达自己的发现和感受。体验鼻子的用处，知道爱护自己鼻子，同时也知道要爱护他人和小动物的鼻子。

☆学习运用感官和有序观察的方法观赏各种花草，懂得爱护花卉。

☆通过观察，发现很多植物都发芽了，知道春天到了。用语言和动作等方式表达自己看到的小芽的特点。

☆对种植活动感兴趣，乐意参加种植活动。学习并巩固用"按"的方法种植萝卜。关注植物的生长，愿意连续观察自己种植的萝卜。

☆通过玩各类能滚动的物体，体验玩滚动游戏的乐趣，引发对滚动现象的好奇。愿意表达自己在探索活动中的发现。

☆尝试用自己的方式（语言、动作等）表达对小兔子的认识和感受。学会关心、爱护小动物，愿意照料小兔子。

☆引导幼儿通过猜想、实验了解兔子喜欢吃的食物。知道关心兔子，知道喂兔子的简单方法及注意事项。

☆学习做棒冰。探索做棒冰时发生的科学现象，体验做棒冰的乐趣。

☆喜欢、爱护动植物，愿意参加给植物浇水、关爱小动物的活动。

☆在探索、使用材料时经常进行自发的比较，并能尝试发现环境中相似的物体、相似的图形。

数学领域

数学是研究现实世界的空间形式与数量关系的一门学科。数学，作为人类思维的表达形式，反映了人们积极进取的意志、缜密周详的逻辑推理及对完美境界的追求。

数学领域的教育，指在成人的指导下，帮助幼儿对客观世界的数量关系以及空间关系（包括数、量、形、空等几方面）进行感知、观察、操作、发现和探索的过程，是发展思维能力的过程。

数的概念

集合与分类

几何图形

空间与时间

量的比较与自然测量

加减法运算

数据分析、概率和预测

数学

数的概念：数是一种抽象符号，可以用来表示客观世界中各种事物的量，并能够用来表示各种事物的量的关系。

集合与分类：在数学中，把具有某种相同属性的事物的全体称为集合，根据集合中元素的个数情况，可把集合分为有限集合、无限集合和空集合。分类指按照种类、等级或性质分别归类。

几何图形：是指点、线、面以及它们的集合，学前期的几何图形认识包括平面图形和立体图形认识两部分。

空间与时间：空间是物质存在的一种客观形式，是物质存在的广延性和伸张性的表现，例如方位；时间是物质运动变化过程的持续性和顺序性，例如次序关系。

量的比较与自然测量：量是指客观世界中物体或现象所具有的可以定性区别或测定的属性，分为不连续量和连续量两种，例如多少、大小等，可以进行量的比较。

加减法运算：加法运算，指求和运算，将两个数合并成一个数的运算；减法运算，指从一个数中去掉一个部分数，求剩余数，是加法的逆运算。

数据分析、概率和预测：收集、整理、显示相关数据，运用数据理解关系和周围环境，通过判断分析、逻辑推理得出结论。

儿童成长指标：

数的概念

☆点数，按数取物（5以内）。例如一个篮子里面有 5 个苹果、2 个香蕉、3 个橘子，当告诉宝宝取出 3 个苹果时，宝宝能够正确取出 3 个苹果；当告诉宝宝取出 2 个苹果、1 个橘子时，宝宝也能够正确取出。

☆感知体验"1"和"许多"以及它们之间的关系。会使用简单的数学词汇和语言，例如"一样多""少""许多""1 个"。

☆会点数 5 以内物体，感知理解 5 以内物体的量。

☆手口一致地点数 5 以内的物体，理解数的实际意义。例如有 4 个苹果放在一起，让宝宝边指点苹果边数数，能够指点着苹果说出 1、2、3、4，并理解一共有 4 个苹果。

☆用对应的方法体会物体数量的多少（4 个物体以内）。

☆通过感知和操作对物体数量进行比较和排序。

集合与分类

☆观察环境中物体、图形的相似之处，进行初步而简单的求同和分类。

☆认识物体的一一对应关系。

☆根据范例和口头指示从一堆物体中分出一组物体。例如：小碗里放着一把糖，里面有软糖和硬糖，当告诉宝宝把软糖拿出来时，宝宝能够正确区分软糖和硬糖，并把软糖从小碗里面取出来。

☆按照物体的某一特征（例如颜色、大小、形状等）进行分类。例如：把若干圆形、三角形、正方形的各色纸卡堆放在一起，告诉宝宝把圆形纸卡挑选出来放在一起时，宝宝能够准确挑出圆形纸卡，并把它们放到一起。

☆区分"1"和"许多"，并理解它们的关系。小碗里有很多豆豆，让宝宝拿一颗放在手里，宝宝能够知道手里有"1"个，小碗里有"许多"个。

几何图形

☆认识区分圆形、正方形和三角形。当圆形、三角形和正方形混杂在一起时，宝宝能够指认出哪个是圆形、哪个是三角形、哪个是正方形。另外能够将图形与生活中的实物进行对应，例如圆形的桌子、正方形的凳子、三角形的积木模块等。

☆能够用圆形、三角形和正方形进行组合拼搭。例如：宝宝可以将两个三角形拼装成一个正方形，将小的圆形放在较大的正方形中间等。

空间与时间

☆认识事物简单的数、量、形、时间和空间等特征。

☆正确辨别上、下、左、右、前、后等方位，运用表示空间的语言（如"在……上面"等）。3－4岁是发展前后知觉的关键期。

☆认识早、晚（白天、黑夜）的时间概念及代表性的日常变化。例如：宝宝能够说出太阳出现在白天，星星出现在晚上。当问宝宝白天上幼儿园还是晚上上幼儿园时，宝宝能够说出是白天上幼儿园。

☆以自身为中心区分上、下的空间方位。例如：宝宝能够理解并准确表达帽子戴在头上，鞋穿在脚下。

量的比较与自然测量

☆通过感知、操作来比较2－3个物体间常量（如大小、长短、厚薄、高矮等）的差别。

☆学会以一一对应的方法来比较两组物体的多、少和一样多（物体个数在5个以内）。例如：一组物体由3个橘子组成，一组物体由4个桃子组成，一组物体由3个芒果组成，宝宝能够判断出橘子的个数比桃子少，或者桃子的个数比橘子多，橘子和芒果一样多。

☆比较物体的大小、长短和多少。例如：将两个大小不同的球（或者球的图形）放到宝宝面前，宝宝能够准确辨别出哪个球大，哪个球小；当两堆内含数量不同的糖果放到宝宝面前，宝宝能够说出哪一堆数量多，哪一堆数量少。

☆能从5个以内物体中找出最大和最小的物体。例如：5个大小不同的玩具放到宝宝面前时，宝宝能够根据指令从中挑出最大的，最小的。

☆按照物体的外部特征（颜色、形状等）或量的差异（大小、长短等）进行3个以上物体的正排序。例如：有4个气球，分别是红色、黄色、蓝色、绿色，告诉宝宝按照红色、蓝色、黄色、绿色的顺序排序时，宝宝能够正确排序。

☆能够按一定规则指示排序（序列数量在3以内）。例如：若干双手套放在一起，告诉宝宝将有相同颜色、相同图案的手套放在一起时，宝宝能够挑出相同颜色、相同图案的手套，并能够将两只手套放在一起；有红、黄、蓝三色气球各 1 个，当告诉宝宝按照黄、红、蓝的顺利排列时，宝宝能够顺利完成。

加减法运算

☆一般来说，4 岁以前的幼儿基本上不会加减运算。他们不懂加减的含义，更不会使用"＋"、"－"、"＝"等运算符号，也不会自己动手将实物分开或者合拢进行加减运算，但是，他们能够回答一些与生活实际有密切联系的应用题。例如问幼儿爸爸昨天给你买了 1 个玩具，今天又给你买了 3 个玩具，爸爸一共给你买了几个玩具，宝宝会说出是 4 个玩具。

数据分析、概率和预测

初步学习收集自己及周围环境中的数据。

社会领域

社会是以一定的物质生产活动为基础而相互联系的人类生活共同体。主要的社会关系包含家庭关系、传统习俗和共同文化。宏观上，社会就是由长期合作的社会成员通过发展组织关系而形成的团体并发展出了机构、国家等组织形式。微观上，社会强调同伴关系并延伸出了为共同利益而形成的联盟。

社会领域的教育指以发展幼儿的社会性为主要目标，以增进幼儿的社会认知、培养社会情感、引导幼儿社会行为技能健康发展为主要内容的教育。

社会

自我意识

社会认知

依恋发展

性别角色

亲社会行为

社会适应

社会行为技能

自我意识：指儿童对自我以及与周围关系的认识，包括自我认知（自我概念、自我形象、自我评价、独立性等）、自我情感体验（自尊心、自信心、自我价值感、成就感、进取心等）、自我控制（自制力、自觉性、坚持性、自我延迟满足等）。

社会认知：指儿童对自我和其他社会成员、社会环境、社会规范等方面的认知。包括对行为动机和后果的分辨能力，对同伴意见的理解和采纳能力，角色承担能力，对成人要求的理解和采纳能力、对社会和道德规则的理解能力等。

依恋发展：表现为婴儿与其主要照顾者（一般为母亲）特别亲近，不愿分离，他们之间存在着强烈、持久、亲密的情感联结。依恋是学龄前儿童早期生活中最重要的社会关系，是个体社会性发展的开端和组成部分。

性别角色：指属于特定性别的个体在一定的社会和群体中占有的适当位置，以及被该社会和群体规定了的行为模式。换言之，性别角色是指特定社会对男性和女性社会成员所期待的适当行为的总和。

亲社会行为：指人们在社会交流中所表现出来的谦让、帮助、合作、共享等有利于他人和社会的行为。

社会适应：指儿童对新环境的适应能力，对陌生人的适应能力，对同伴交往的适应能力等。

社会行为技能：指儿童在与人交往和参与活动时所表现出来的行为技能，包括交往的技能，倾听交谈的技能，非语言交流的技能，辨别和表达自己感情的技能，合作、轮流、遵守规则、解决冲突等技能。

儿童成长指标：

自我意识

```
自我意识
  ├ 自我情感体验
  ├ 自我认知
  ├ 自尊的发展
  ├ 自我控制
  └ 自我评价
```

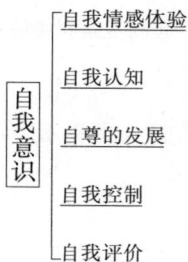

1. 自我情感体验

☆逐渐建立对老师或同伴的信任，和老师、同伴一起做游戏时心情愉快。

☆培养秩序感，能排成一路纵队，一个跟一个走。

☆培养情感和责任心。

☆能够感受父母对自己的关爱，体会家庭的温暖，并且尝试表达。

2. 自我认知

☆知道自己的姓名、年龄、性别等。初步通过对自己的名字理解父母在自己的身上寄予的期望。

☆感受自己在长大，会做很多事情（自己穿衣服、起床、吃饭、上厕所，在幼儿园帮助小朋友，在家中帮父母做事），体验自我价值感。

3. 自尊的发展

☆能够感受独立做事的快乐和满足，对自己有信心。

☆遇到挫折、困难时不害怕，会寻求帮助。

☆做自己力所能及的事情（例如穿鞋、穿衣服、刷牙等），能够感受独立做事的快乐和满足，对自己有信心。

4. 自我控制

☆能够做到外出时不离开成人，不接受陌生人给的东西，不跟陌生人走。

☆能够在成人的鼓励和帮助下，坚持做完一件事，获得成功的体验。例如：自己画完一幅画；自己完整组装一个玩具等。

5. 自我评价

社会认知

```
社会认知
  ├ 对自己和他人的认知
  ├ 对环境的认知与理解
  ├ 对成人要求的理解与采纳
  ├ 角色承担
  └ 对社会、道德与规则的理解
```

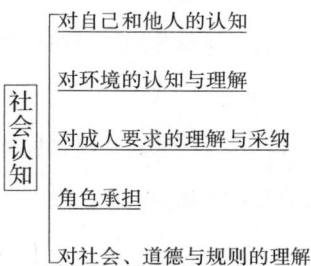

1. 对自己和他人的认知

☆知道父母的姓名及他们喜欢做的事情，感受他们对自己的爱。

☆认识经常接触的成人，感受他们对自己的关爱，初步懂得尊重为自己服务的人。

☆愿意与同伴交往和游戏，知道同伴名字。

☆喜欢在生活中模仿他人的形象和动态。

2. 对环境的认知与理解

☆认识家庭和幼儿园周围的环境。

☆关注周围的事物和现象，对新事物感兴趣，有好奇心，喜欢探索。

☆认识几种常见交通工具，如汽车、火车、地铁等。

☆关注自己身边的环境，有初步的环境意识和环保行为。例如：不乱丢垃圾。

☆初步理解常见生活用品与人的关系。例如：冰箱、洗衣机、饮水机等常用家电的作用，知道不随便触动电器的电源插座。

☆喜欢、爱护植物，愿意参加给植物浇水的活动。

☆喜欢、爱护小动物，愿意将自己攒的零用钱捐给拯救和保护动物的活动。

3. 对成人要求的理解与采纳

☆能够听从成人的教导，了解外出遇到陌生人时自我保护的方法。

☆能够听从成人的指令，远离危险的物品或地方。

☆能够注意用眼卫生，在成人的提示下，控制看电视的时间。

☆能够认真听老师安排任务。

4. 角色承担

☆会自己选择活动，做自己能做的事情，如穿脱衣服、收拾玩具等。

☆能够感受独立做事的快乐和满足，对自己有信心。

☆感受别人对自己的关爱，并学习关心别人。例如：关心家里的老人、邻居家的小朋友等。

☆知道不打扰父母的工作和休息。

5. 对社会、道德与规则的理解

☆懂得有秩序地上下大型运动器械。

☆会使用简单的礼貌用语与成人打招呼。能说"请""欢迎""谢谢""再见"等会客请客的礼貌用语。

☆知道迎接客人，以及去别人家里做客的基本礼节。

依恋发展

☆情绪稳定、愉快、有安全感。

☆喜欢和家人在一起，同时也愿意认识新的朋友。

性别角色

☆愿意深入了解一些和性别相关的外显特征和行为方式。

☆能够正确说明小伙伴的性别。

☆初步了解一些与性别相关的行为规范和意志品质特征。

亲社会行为

☆初步学习与同伴分享玩具和图书。

☆能够与同伴或家长分享自己在某些事情和问题上的看法与想法。

社会适应

☆会使用简单的礼貌用语与成人打招呼。例如："老奶奶您慢点走""阿姨辛苦了""谢谢大姐姐帮助我"等。

☆愿意与同伴交往和游戏。

☆初步懂得用适宜的行为与同伴交往。例如：会使用"你愿意做我的好朋友吗？"

"我愿意""我能和你一起玩吗？""咱们一起做游戏，好吗？"等用语。

☆喜欢幼儿园，喜欢老师和同伴。

社会行为技能

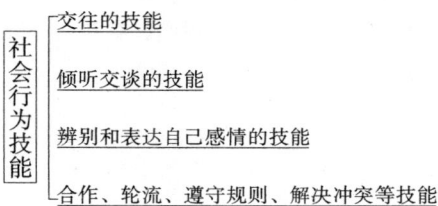

社会行为技能	交往的技能
	倾听交谈的技能
	辨别和表达自己感情的技能
	合作、轮流、遵守规则、解决冲突等技能

1. 交往的技能

☆能够进行自我表现，并初步体验与他人沟通交往的快乐。

☆愿意用语言与人交往，主动应答。

2. 倾听交谈的技能

☆能够注意倾听他人讲话，听懂日常生活用语，并能做出相应反应。

☆用简短的词语与熟悉的人交流，喜欢问答式的交谈方式。

☆初步了解打电话的方法，提升语言表达能力。

3. 辨别和表达自己感情的技能

☆愿意向成人和同伴表达自己的情绪。

☆愿意参加有趣的节日活动。

☆能够用语言、动作等自由表达自己的感知以及在操作活动中的感受和发现。

☆知道爸爸、妈妈的爱好，学会表达对他们的爱。

4. 合作、轮流、遵守规则、解决冲突等技能

☆了解什么是轮流，体验规则的作用，初步养成遵守规则的意识。

☆能遵守轮流游戏的规则，体验共同游戏的快乐。

☆在集体生活中，敢于大胆提出自己的想法和需要，能在成人的支持下尝试解决问题。

习惯领域

习惯，是在长时期里逐渐养成的，一时不容易改变的行为、倾向或社会风尚。

习惯领域的教育，指帮助幼儿在基本生活方面应养成良好的行为方式，包括进餐、着装、睡眠、学习、行为等各个方面。

习惯

生活习惯

卫生与健康习惯

饮食习惯

运动习惯

理财习惯

文明的行为习惯

道德习惯

学习习惯

生活习惯：指人们为了生存和发展，在进行各种活动中积久养成的一种生活规范与行为方式。

卫生与健康习惯：指有益于促进卫生习惯的保持和促进身心健康的一系列相关行为的总和。

饮食习惯：指人们对食品和饮品的偏好，其中包括对饮食材料的偏好，烹调方法的偏好，以及烹调风味和佐料的偏好。

运动习惯：指促进幼儿生长发育、提高体能、增强对外界环境的适应能力的运动方式偏好。

理财习惯：指人们在处理财务方面的行为方式偏好，例如：节约、储蓄、投资等。

文明的行为习惯：文明是指人类所创造的财富的总和，特指精神财富，如文学、艺术、教育、科学等，也指社会发展到较高阶段表现出来的状态。文明的行为习惯，指在日积月累中形成的，与人类文明积累、实践和传承相关的行为方式。

道德习惯：良好的道德行为包括关心他人、合群、合作、诚实、分享、助人、利他、有礼貌、守纪律等特质。道德习惯指这些美好特质作用于人的成长与发展中产生行为方式总和。

学习习惯：指在学习过程中经过反复练习形成，并且发展成为一种个体需要的自动化学习的行为方式总和。

儿童成长指标：

生活习惯

☆养成良好的睡眠习惯。

☆知道小肚皮露在外面自己会受凉生病。学会在秋冬季节穿衣时将里衣掖到裤子里。

☆认识袜子的特征，学习穿脱袜子，养成自己穿脱袜子的习惯。

☆认识鞋的外形、特征，通过比较来练习穿鞋，能分清鞋的左右脚不穿反鞋。

☆学习洗单衣袜的方法，能够体验父母劳动的辛苦。激发喜欢参加劳动的情感，养成热爱劳动的习惯。

☆尝试参加家务劳动，学习一些简单的家务劳动技能，体验父母平时劳动的辛苦。

☆学习正确、安全地使用小剪刀的方法。培养正确使用小剪刀的良好习惯。

卫生与健康习惯

☆做到饭前洗手，饭后擦嘴、刷牙。

☆会用正确的方法洗手洗脸。

☆知道并能做到使用自己的毛巾、水杯和清洁的手绢或纸巾。

☆知道不用脏手揉眼睛，不将手或其他异物放入口鼻中。

☆学会如厕，养成定时大便，不憋尿的习惯。

☆认识刷牙的重要性，掌握和巩固正确的刷牙方法，养成吃食物后刷牙的习惯。

☆养成良好的卫生的习惯。

饮食习惯

☆知道贪吃、挑食和吃零食对身体不好，不贪吃、不挑食。

☆喜欢喝白开水，养成经常喝水的习惯。

运动习惯

☆喜欢参加幼儿园的体育活动。

☆能够感受在幼儿园集体中与小伙伴们一起运动的乐趣。

理财习惯

☆认识钱币，能够初步理解不同面额的钱币代表的意义不同。

☆知道钱可以用来交换物品，不同的物品需要钱的数量不同。

☆初步了解家里的钱是爸爸妈妈辛苦工作赚来的，不能随意花费。

文明的行为习惯

☆不冲着别人咳嗽、打喷嚏，咳嗽、打喷嚏时要用手或者手绢捂着口鼻。

☆能专注听他人讲话，懂得尊重他人。

☆知道在相应的场合（如有人休息时）要轻声走路，不大声说话。培养心中有他人的意识。

☆知道在电梯等公共场所要遵守公共秩序。例如：不吵闹，不乱涂乱画。

☆懂得爱护环境卫生，能够做到不乱丢垃圾。

☆了解残疾人的不幸及生活中的困难。主动关心、帮助残疾人及生活有困难的人。

☆能发现身边需要帮助的人，并主动帮助他们。培养关心周围人及事物的主动性。

☆学会把自己喜欢的东西与别人分享，能体验分享带来的快乐。

☆初步学会简单的社会交往行为，知道好朋友之间要友好、和睦相处等。

☆学习分类整理的方法。知道东西不能乱放，并养成自己整理物品的良好习惯。

☆能够勇敢地表达自己的想法。能够较为完整地表达自己的想法，并且会使用礼貌用语"请""谢谢"等。

道德习惯

☆喜欢听传统美德故事，并且能够开始尝试自己讲这些故事讲给他人听。

☆主动将传统美德故事中的好行为迁移到

自己的生活中。例如：将自己的玩具与伙伴分享；主动整理自己的玩具等。

学习习惯

☆初步养成有序摆放和安全使用工具、材料的良好习惯。

☆激发共同做事的兴趣，能够体验人多力量大的道理。

☆乐于与同伴相互配合、共同完成一件事，体验一起完成一件事的奇妙。

☆通过体验图书宝宝的心情，培养幼儿正确的看书习惯，并学会爱护图书。

☆激发看书的兴趣，教会倾听故事和欣赏画面，了解故事的主要内容。

☆学习看书的正确方法，会一页一页轻轻地翻看图书。

☆初步培养对表演活动的兴趣。正确有序地取放乐器，并且学习分类摆放。

☆初步学会有序地收放活动器物。

☆能够与同伴分享心爱的玩具，感受分享带来的快乐。

☆了解正确的看书方法，能够与同伴一起友好地看书。在学习和模仿中培养良好的阅读习惯。

☆学习握笔方法，能够正确使用笔。

美术领域

美术，指运用一定的物质材料，通过构图、透视、用光等手段，在一定的空间中塑造直接可视的平面形象或立体形象的艺术。

美术领域的教育，指顺应幼儿视觉上的主动选择性，给他们提供充分的视觉资源，发展其审美感知能力和审美想象力。

色彩与形状感知

工具和材料

绘画

手工

装饰与美化

美术情绪体验与表达

美 术

色彩与形状感知：包括对色彩的感知（学习辨认色彩的三要素：色相——色彩所呈现出来的质的面貌；色度——调配颜色时，红、绿、蓝三种基色相对比例的度量标准和色性——色彩冷暖分别）和对形状感知。

工具和材料：包括绘画工具与材料，手工工具与材料。

绘画：指用各种笔、纸等工具和材料，运用线条、造型、色彩、构图等艺术语言创造视觉形象，从而表达创作者思想、情感的一种活动。

手工：使用各种工具和材料，运用剪、撕、贴、折、塑等手段制作出平面或立体的物体形象，从而发展儿童动作的灵活性、协调性，培养实际操作的能力以及工作的计划性和条理性的一种活动。

装饰与美化：属于从美的形式规律出发进行创作的一类，对幼儿学习与掌握美的形式，培养与抒发幼儿的美感有极好的作用。

美术情绪体验与表达：感受和欣赏美术作品、自然景物和社会环境中的美好事物，丰富美感经验，培养审美情感、审美评价能力和审美创造力的一种活动。

儿童成长指标：

色彩与形状感知

☆初步感知和探究物体的特征，如：颜色、形状、大小等。

☆3岁能分辨红、橙、黄、绿、天蓝、蓝、紫七种颜色的百分率为97%，4岁以后达到100%。

工具和材料

☆喜欢操作易于使用的美术工具和材料（粗毛笔、小牙刷、小刷子、大画纸、颜料等）。

☆学习握笔方法，能够以正确的姿势用笔。

☆能够初步感知和探究物体的特征（大小、颜色、形状、软硬、粗糙、光滑等）。

绘画

☆运用简单的图形和自己喜欢的颜色，大胆地、有意识地表现熟悉的事物。

☆喜欢涂色。涂色时杂乱无顺序，不仅笔道不分化，而且涂得也不均匀，有的地方挤在一起过于浓密，有的地方又过于稀疏留下许多空白，还经常涂出轮廓线，这些对于此年龄段的幼儿是正常的表现。

手工

☆尝试用多种材料拓印。了解拓印的基本方法，探索拓印的奥秘。对拓印产生兴趣。

☆乐意探索，比较发现让拓印更清楚的方法。能与同伴交流自己的想法及尝试操作。

☆能够初步感受泥塑、剪纸、绘画等的美。

☆能够欣赏剪纸、动画。

装饰与美化

☆运用自己熟悉、喜爱的图形、材料进行多种简单装饰。

☆能够感受环境布置中的美，抓住其主要特征。

☆利用身边的物品制作成手工艺品，美化自己生活。

美术情绪体验与表达

☆喜欢摆弄画笔，用颜色涂涂抹抹，但这大多与再现事物的客观色彩和表现情感无关，幼儿是在探索和认识色彩。

☆开始能用特殊的动作、线条、形状、声

音和物体来代表他们头脑中对某些事物的印象和情感。

☆感受不同女性（妈妈、阿姨、奶奶、姐姐）的美，包括形象、衣着、发型及内在的美。

☆能够利用各种美术工具和材料，尝试对不同类型女性特点进行表达。

☆能够欣赏一些著名的美术作品。例如：欣赏米罗作品《女人和鸟》，激发幼儿表演的愿望。

☆乐于在画板上肢体舒展地进行自由创作，养成良好的美术创作习惯。

☆能够简单理解写实作品中所表现的生活情节。

☆能够选择各种材料和工具，在制作中大胆尝试、设想与创造。

音乐领域

　　物体规则震动发出的声音称为乐音。由有组织的乐音来表达思想感情、反映现实生活的一种艺术就是音乐。其分为声乐和器乐两大部门。在所有的艺术类型中，比较而言，音乐是最抽象的艺术。

　　音乐领域的教育，指教导幼儿认识表现音乐的各种符号手段、掌握必要的演唱演奏技巧，并同时学会感受音乐、理解音乐和表现音乐，在精神和心灵方面获得更多有益的东西。

音乐

听辨

歌唱

韵律

节奏

乐器

表演

音乐欣赏

听辨：倾听声音，并对声音进行分辨识别。

歌唱：根据学前儿童音乐活动的特点，歌唱表演形式主要有独唱、齐唱、接唱、对唱、领唱齐唱、轮唱、合唱、表演唱。

韵律：幼儿的韵律活动指所有伴随音乐进行的艺术表演活动。这种活动主要可以分为创造性律动和集体舞蹈两种类型。

节奏：指各种音响有一定规律的长短强弱的交替组合。

乐器：泛指可以用各种方法奏出一定音律或节奏的工具。

表演：指演奏乐曲、上演剧本、朗诵诗词等直接或者借助技术设备以声音、表情、动作的形式公开地再现作品。

音乐欣赏：音乐欣赏是怀着欣喜之情反复倾听音乐的活动。欣赏音乐，首先，要有参与、理解和欣赏的兴趣和愿望。其次，要有感知音乐并从中获得积极体验的能力。

儿童成长目标：

听辨

☆对生活中各种声音感兴趣，尝试探索身体、自然界、乐器等发出的声响。

☆喜欢自发倾听周围环境中的声音，尝试摆弄能发出声响的物品，喜欢用身体动作对声音作出回应。如串铃、小鼓、沙锤、五彩琴等。

☆能够初步感知各种声音的不同。

歌唱

☆能够学唱六度范围内（c1—a1）五声音调的歌曲，能大胆表现歌曲的内容、情感。

☆能够初步做到用自然的声音演唱，不喊唱。

☆愿意模仿自然、美好的歌声。进入音乐创造力的萌芽期。

☆对富有喜剧色彩、情绪热烈的歌曲产生很大的兴趣。

☆能即兴哼唱一些自己编的旋律和短句，歌词会经常重复，曲调也近似于所学过的歌曲。

☆能够在游戏中很有兴致地哼唱一些自己编的小歌，并以此为乐。

韵律

☆初步感知对比鲜明的声音的强弱、高低和快慢，并从中获得美的感受。

☆愿意听旋律优美的歌曲。

节奏

☆能够感知旋律。

☆能够开始学习某种乐器，可以培养绝对音高感。

☆能够尝试用不同的方法来表达对音乐的感受，比如给幼儿一两样节奏乐器，他会想办法打出一些不同的节奏，虽然打的节奏还不十分准确、合拍，但是对动作的控制能力已经有明显的改进。

乐器

☆对音乐活动的工具感兴趣，喜欢摆弄各种工具。

☆关注形象鲜明的器乐曲，并能自发做出表情、动作反应。

☆认识几种易于操作的打击乐器，通过自由探索尝试学习敲击方法，表达自己的情感。常见易操作的乐器：金属类——铃鼓、撞钟、手铃；木质类——沙锤；自制玩具——自制腰鼓、塑料响瓶等。

☆初步学会使用表演道具。

☆喜欢摆弄打击乐器，进行随意的敲击。

☆通过探索掌握同种乐器不同的演奏方法，体验正确使用乐器的意义。

表演

☆喜欢参加音乐活动，在活动中感受快乐和满足。

☆能够随音乐做简单律动进行自我表现，并初步体验与他人沟通、交往的快乐。

☆愿意观看成人或同伴的音乐活动，并逐渐加入其中。

☆喜欢在生活和游戏中模仿人物的形象与动态。

☆愿意即兴表演自己熟悉、喜爱的歌曲和乐曲，有参与戏剧表演活动的初步愿望。

☆喜欢自由创编歌词和动作，表达自己的感受和体验。

☆同伴间喜欢相互模仿滑稽、有趣的动作。

☆愿意在集体游戏中自发地观察、模仿与表现感兴趣的动物、人物的动作和表情。

☆随音乐做动作时能注意到音乐的节奏，并且尝试使自己的动作与音乐的节奏相一致。

☆能够较为准确地像成年人一样完整地唱好一首儿歌。

音乐欣赏

☆能够从优美动听和形象鲜明的歌曲、器乐曲与舞蹈音乐等作品中获得美的感受，初步理解其内容和情感，并尝试以自由律动参与欣赏，或用语言、表情、动作表达自己的感受。

☆喜欢听简单的、与生活经验相关的歌曲。

☆愿意跟唱或演唱自己喜欢和熟悉的歌曲。

☆喜欢欣赏歌谣、故事、木偶剧、动画片、皮影戏、儿童剧、小歌剧等形式的艺术作品。

☆关注形象鲜明的歌曲、器乐曲与舞蹈音乐等作品，并自发做出表情、动作反应。

☆愿意观看木偶剧。能模仿剧中人物的表情、动作、语言等，或随音乐做各种动作。

☆在听音乐或学唱歌时，能够逐渐明白乐句、乐段等构成音乐的某些组成部分，并且能从听觉上去感受音乐的最简单的曲式结构。

综合领域

综合，指将已有的关于研究对象各个部分、方面、因素和层次的认识联结起来，形成对研究对象的统一、整体的认识，结果是往往导致新的发现的产生。

综合领域的教育，指帮助幼儿将已有获得的关于研究对象各个部分、方面、因素和层次的认识联结起来，形成对研究对象统一的、整体的认识，形成新的发现的素质与能力。

综合

感知

探索

观察、问题和假设

积累并建构知识

信息组织与理解

问题解决

学习品质

媒体素养与信息技术

感知：利用感官对物体获得的有意义的印象。

探索：多方寻求答案，以便解决问题。

观察、问题和假设：儿童基于自己的观察，提出问题和假设。

积累并建构知识体系：在好奇心、情感和理智的促动下，积累建构知识时所采用的多种多样的方式，以及获得的内容成果等等。

信息组织与理解：在参与意识、有效注意和坚持性的协同作用下，分析相关任务目标、构建信息组织逻辑以及选择归因方式等。

问题解决：指凭借自己的知识、经验以及个人独特的方法，判断什么是问题，提出解决问题的方法，并且促进问题得到解决。

学习品质：是指个体在学习中形成，并且在学习活动中表现出来的、影响学习效果的稳定的心理倾向或个人特征，包括好奇心、主动性、坚持性、创造性、自信心、想象力等品质。

媒体素养与信息技术：媒体素养，指在各类处境中彩内、理解及创制媒体信息的能力。信息技术，是主要用于管理和处理信息所采用的各种技术的总称。

儿童成长指标：

感知

此阶段不设置相关指标

探索

此阶段不设置相关指标

观察、问题和假设

☆学习考察事物、生物的基本属性，例如：形状、大小、颜色等。

☆描述事物、生物和自然环境的变化。

☆乐于并敢于提出问题，例如：天空为什么有彩虹？

☆在活动或解决问题的过程中，能进行大胆地猜想和细致地观察。

积累并建构知识体系

☆利用所有感官探索，并从环境中有指向性地获取信息并积累。

☆表现出对越来越多的主题、想法和任务的兴趣。

☆表现出对他人活动或行为的兴趣，并愿意与其接触。

☆越来越多地表现出参与活动的意愿，无论是熟悉的或者是全新的活动。

☆能够主动参与有简单规则的游戏。

☆能用简单形象的方式记录自己的发现，

敢于用简单的语言表达自己的疑问和发现。

信息组织与理解

☆能注意成人给出的二步到三步注意事项，并能遵循成人的指导。

☆发起并促进某活动的执行。

☆能够认真观察物体，并能确定常见物体的用途。

☆用不同的方法记录和搜集信息数据。

问题解决

☆随着各方面知识储备的增加，记忆、理解、注意、分析、判断、逻辑推理等各项能力的提升，能够解决问题的范围逐渐扩展，能够逐渐解决更复杂的问题。例如：当宝宝开始上幼儿园后，需要解决和小朋友交往中出现的问题的情境明显增加，解决此类问题的途径的有效性也会逐渐增强。

☆能够积极参与解决问题。

☆初步意识到通过探究能够找到问题的答案或解决问题的办法。

☆当场景是幼儿熟悉的，问题也容易让幼儿理解时，幼儿开始能够站在别人的角度思考问题。

☆对于所熟悉的情景和问题，幼儿能够进行简单推理，但还不能区分一个物体表面看起来像什么和真的是什么，也不能进行因果推理。

学习品质

☆在活动中，能够对不同的任务提出富有创造力的想法。例如：提出"我有个好主意！让我们把腿绑在一起，走路时不摔跤！"

☆能够主动关注一些自己感兴趣的事情。

媒体素养与信息技术

☆媒体素养与信息技术能力获得进一步发展。例如：能够使用一些常见电子产品。

☆经过培训后，可以使用一些基础的计算机操作技术。

☆看广告，能够初步理解广告中传递的信息。

更多内容，请访问芝兰玉树教育研究院网站（www.zlysedu.org）。

吃光碗中米，

浪费远离你。

小河狸贝瓦·爱·公益

创意：杨威

插画：乔瀚慧

进阶智慧库，专题推荐

亲近自然

孩子就像需要睡眠和食物一样，需要和自然的接触。

——［美］理查德·洛夫

专家观点

让"自然缺失症"远离孩子

当今社会许多城里的孩子分不清五谷杂粮，辨不出花草树木，认不出飞鸟走兽，很多父母已经意识到这个问题。然而，父母们一方面在对孩子们说着自然的可贵，一方面却在各种特长的培养和繁重的课业学习面前妥协。除此之外，孩子另一个"闷"在屋里不出去的原因是每天沉迷于电视和电脑。上述因素导致的直接后果就是现在的孩子很少有机会走到大自然中去。

理查德·洛夫在他的著作《林间最后的小孩——拯救自然缺失症儿童》中用"自然缺失症"这样看似疾病的词来揭露概括这一现象，之后人与自然的关系再一次引发了人们的热烈讨论与深刻思索。

"自然缺失症"并非一种医学意义上的疾病，而是一种现象，但是这种现象经过长时间的"发酵"就会成为一种综合性病症。由于长期面对网络等人工化的事物，长期封闭在一个钢筋水泥为主要原料构成的区域内，较少与大自然接触，患有"自然缺失症"的孩子的感觉和知觉都会受到影响，容易变得孤独、焦躁，很容易愤怒或激动，要么狂笑要么狂怒，缓冲或控制情感的能力相对较弱。这些孩子，害怕乘坐交通工具、害怕陌生人、害怕自然，整天只盯着电视。"自然缺失症"导致的最严重后果是注意力不集中、观察力下降、不能正确理解和执行指令、不能完成指定的任务，甚至可能出现暴力倾向。

要应对这些"症状"，其实并不需要特殊的治疗或者寻找心理专家，甚至不需要花钱。治疗"自然缺失症"的最好"药方"就是带孩子出去玩，到户外去，到大自然中去！大自然自有令其强大安心的力量，让躁动的心变得平静沉稳。玩泥巴，赏赏花，捡石头，听鸟叫，跑、跳、追……甚至家长什么都不用做，一切交给自然就好，孩子们自己就会寻找到快乐的源泉。不过开始时可能需要父母给孩子一些耐心的引导和指点，带领孩子在自然中开展更有趣、更有意义的活动。

对于那些沉迷于电视、网络和游戏中的孩子，父母可以尝试把孩子看电视或者用电脑娱乐的时间尽量控制在每天 1—2 个小时内，尽量多鼓励和陪伴孩子到户外去活动，多鼓励孩子观察自然中一切看似平常却充满新奇的东西，在户外做些体育活动，让孩子们爱上自然，找到真正的乐趣。

插画：宋雪

亲近自然益处多

亲近自然有利于孩子身心发展

大自然是个无穷无尽的知识宝库，是世界上最有趣的老师。孩子们在户外活泼欢快地玩耍时，他们会聚精会神地观察、注视着一切新奇的事物，兴致勃勃。所有亲近自然的户外活动带来的体验和快乐，都是孩子待在家里所无法得到的，这会为其身心健康带来莫大的好处。

户外活动能使孩子身体得到一定程度的锻炼。在户外活动中的每一个动作都可以锻炼孩子的大小肌肉，促进生长发育。在大自然的怀抱中，被温暖的阳光沐浴着，父母带着孩子悠闲地在树林中漫步，让孩子追一追飞舞的蝴蝶，蹲下来看看觅食的蚂蚁，伸手捉一捉跳跃的小蚰斯，捡一捡掉下来的果实……在孩子的玩耍过程中，不知不觉地大小肌肉动作协调的发展都得到了锻炼。

愉悦的户外活动有利于培养孩子良好的心理素质。户外活动增加了父母与孩子在一起的机会，能够帮助父母更好地了解孩子，是建立良好的亲子关系的好时机。在户外可以与孩子一起玩耍，感受一下春天的阳光，闻一闻青草的芳香，探索一下昆虫的世界……这样孩子会感到爱与尊重，从而对自己、他人有积极乐观的认识，有益于其从小建立起积极的人际关系，养成开朗乐观的性格。

亲近自然有利于培养孩子多种能力

亲近自然有助于培养孩子观察、探索和分析的能力。在户外活动时，父母要有意引导孩子主动观察身边的一草一木，让孩子主动地探索、思考。例如引导孩子观察桃花时，可以让孩子数一数桃花有几个花瓣，看看桃花的颜色，闻一闻桃花的香味，再摸摸桃树的树叶、枝干，了解先开花后长叶是桃树生长的一大特点等等。这样孩子增加了运用多种感官的机会，视野开阔了，思维也会活跃起来。

亲近自然有助于孩子语言表达能力和思维能力的发展。当孩子在户外玩耍时，父母可以引导孩子用语言将自己的所见、所闻及所想表达出来。例如可以让孩子用恰当的词语来描述一下四季的颜色和四季所见的不同景物，春天的绿色，夏天的蓝色，秋天的黄色，冬天的白色等等。对于还不会说话或者是不会表达的小宝宝，父母可以边带宝宝观察事物，边用自己的语言讲给宝宝听，为培养宝宝的良好表达能力奠定基础。

亲近自然有利于孩子创造能力的发展。大自然中的一草一木都有可能激发出孩子的创造灵感。父母带孩子在户外游玩时，可以让孩子用石子、沙子搭建"高楼大厦"，用树枝编制"手枪"等。不要小看大自然中的一颗普通的石子或一根细小的树枝，在孩子的充满幻想的世界里，这些材料可能比人工设计的高科技遥控汽车、飞机更能激发想象力和创造力。

跟着孩子回归自然

不同年龄段宝宝亲近自然的
适宜活动

宝宝接触大自然并没有年龄的限制，但是在每个年龄段参与的活动不同，获得的体验也是不尽相同的。根据孩子的年龄特点，可以选择一些适宜孩子们参与的活动。

0—1岁：多接触自然，积累感觉经验

虽然婴儿还没有行动能力，可能只是被抱着或坐在推车里面，但只要在自然空间里，温暖的阳光、不同的色彩及光线、大自然的芬芳及鸟儿啾啾的鸣叫声等等，

这些都会激活婴幼儿脑细胞对知觉的辨识，对孩子的各方面发展都有极大的帮助。

父母要特别注意的是，因为宝宝的视觉及温度调节能力还未成熟，要避免带婴儿去极寒、极热或光线很刺眼的地方。在舒适安全的自然环境下，父母可以常带小宝宝出门。

1—3岁：多在户外活动，锻炼大小肌肉

1岁左右，很多宝宝就会走路了。当宝宝已经学会走路时，父母可以在天气好的时候带宝宝多到室外活动，感受一下鸟语花香。这个时期婴幼儿认识世界的主要

方式就是通过他的感觉和动作，而大自然正好可以提供促进婴儿动作与知觉发展的绝佳条件。此时户外活动应该限制在15—30分钟之间，要让宝宝有适度的休息。

2岁时让宝宝骑脚踏车、3岁时爬坡，都是训练宝宝手脚协调与平衡能力的活动，父母可以带他去爬爬小山丘，从公园、植物园开始，让他一天活动30分钟。需注意，活动时间不宜太长，因为过长的活动时间可能会导致宝宝关节受伤、肌腱发炎和腿骨变形。大人做起来都吃力的活动也不要轻易让孩子尝试。

3—6岁：在与大自然的接触中发展多元智能

此时的宝宝可以尽情地在大自然中玩耍。听听大自然的各种声音，感受一下清新的微风，看看小虫子慢慢地爬行，有助于发展宝宝的触觉、听觉和视觉；捡捡秋天的落叶，玩一玩泥土、沙子，拨一拨浪花，有助于发展宝宝的触觉能力；躺在草地上打几个滚，爬爬山，散散步，有助于宝宝发展动作的协调性与肌肉的控制力。对宝宝而言，大自然是最天然的游戏和学习场所，在与大自然的互动中，宝宝既能

愉快地玩耍，又在不知不觉中培养了各种能力。

亲近自然四方略

大自然是孩子最好的伙伴，孩子向往着自然，那我们就跟随着孩子的脚步，和孩子们一起回归到大自然，一起去探索、发现其中的奥秘。既然是跟着孩子寻找自然，那我们选择游玩的去处和方式一定是要为孩子精心准备的。很多孩子都非常喜欢动植物，只要有花鸟鱼虫的地方就是出行的好去处。就在附近也可以，即便是在周边的郊外、公园散散步，也会让孩子有亲近自然的美妙感受。要是去稍微远一点的地方当然更好，新鲜的空气对我们的身心都有益，而且通过旅行能了解到当地的文化，也是人生中宝贵的财富。

这里推荐一些非常简单而有趣的亲近自然的方式或方法，父母们不妨试试看。

晚餐后全家散步

全家经常一起在晚餐后出去走一走。一家人围着社区逛逛，向周围的邻居打招呼，父母指给孩子看路边的花朵和树上的

小鸟。也可以买本有关花草树木的图鉴，从图鉴中认识野外的各种事物，比如不同动物喜欢吃的食物，植物开花和结果的时间等等。然后根据图鉴上的提示到处走走，去寻找和验证图鉴中所描述的动植物。这样可以和你的孩子一起度过愉快的户外时间，并获得一些对自然的共同感受，学到更多的知识。

定期的亲子户外活动

在固定的日子里，比如每个周日，或者每月的某一天，计划一次令人惊喜的亲子户外活动。父母可以带孩子去附近的田野、林地、河滩、保护区等等，或者城市周边的公园。父母和孩子一起在自然中探索和学习的时光是快乐有趣的，可以让孩子们更加期待下次的"探险"，也能更深刻地感受父母对自己的爱。

开辟一个家庭小花园

父母可以和孩子开辟个小花园，可以是在室外的一小片土地上，也可以是在自家阳台上。鼓励孩子尝试栽种任何种类的植物，可以是一根大葱，发芽的大蒜，出芽的一小块土豆，切下的萝卜头，也可以是常见的花草，路边采集的种子等等。让孩子从小接触土壤，了解植物。这将是让孩子在自然中学习的好机会，也是一家人一起动手玩泥巴的好时光。

组织亲子团出游

积极热情的家长，可以张罗一些定期的组团出游活动。几个家庭结伴，一起去一些附近交通便利的地方，比如搭乘地铁、火车、汽车等容易到达的目的地。这样可以让孩子有更多机会和小伙伴玩耍，对自然的探索活动也会变得更有趣味。又或者在社区附近选择一个固定的地方，定期组织游玩活动，比如在合适的公园、林地里观鸟、赏花等等。

亲子互动游戏

认识花鸟鱼虫

地点：草坪、公园、郊外的树林、自然风景区等安全地带。

游戏玩法：选择一片自己认为空气清新且有花有草的场地，让宝贝自由发挥。

宝宝体验：为什么每片树叶的形状都会不同？为什么花朵五颜六色？为什么鱼儿时而游到水面吐个泡泡？花儿真香，草儿真绿，鸟儿的歌声真婉转，大自然真有趣。

父母观点：让宝宝用手去摸，用眼睛去看，用耳朵倾听，感觉大自然的魅力，父母不要对宝宝保护过度，减少了宝宝探索这个世界的机会，使其缺乏触觉刺激，影响孩子的智力和情绪发展。

注意事项：首先，在观察时父母要保护宝宝的安全，防止宝宝被树枝刮伤，被虫子咬伤等。其次，在宝宝观赏的过程中，父母需要和宝宝交流，教宝宝细心观察，不要急于灌输过多的自然知识，让宝宝自己慢慢来感受。

球类运动

材料：足球、篮球、排球等。

场地：公园、广场、宽阔的草坪或者是操场、运动场等。

游戏玩法：教宝宝自己踢球，或者两个人对踢，最好有个"球门"，让宝宝尝试把球踢进球门。

宝宝体验：圆圆的足球真有趣，用脚

一踢它就会向前滚动，碰到东西又会反弹回来。彩色的球，在滚动时还不停地变换花色，真好看。

父母观点：球类运动不但可以训练宝宝的手腕和腿脚力量，还可以训练宝宝手脚控制方向的能力，提高孩子的全身协调性，增强孩子的快速反应能力。球的反弹特性，能引起宝宝的好奇，使其对事物运动方向的改变进行思考和判断。

注意事项：玩球前的准备工作要做好。最好让宝宝穿上运动鞋，便于宝宝运动。踢球是消耗体力的活动，需要水分和能量的补充，所以一定要准备好水、点心，还有擦汗的毛巾。

玩要嬉戏

地点：公园、广场或者宽阔的草坪等。

游戏玩法：将一个气球充好气，系上一条一米长的线绳。让宝宝自己拿着气球慢跑，再让宝宝将气球放开，气球就会到处飞舞喔！然后让宝宝追着气球随意奔跑。

宝宝体验：在草地上轻轻地拍拍气球，气球就会在空中飞舞，和小蝴蝶比比

谁美，要是人也能像小气球一样飞上天空就好了。

父母观点：可以教宝宝认识气球的颜色，培养手眼协调能力，还可以和别人互动，让宝宝在活动中尝试合作玩气球，体会到合作的快乐。

注意事项：气球容易爆炸，体内的气体放出后会对宝宝造成不可预料的伤害，请父母务必使用安全的氦气气球，绝对不能用氢气气球。在给宝宝玩气球之前，先检查一下气球是否安全，有没有漏气，有没有破裂，另外气球不能充气过足。此外，宝宝在追逐气球时，父母最好跟随其后，免得宝宝被物体绊倒摔伤。

与动物亲密接触

地点：动物园、户外、自然博物馆等。

游戏玩法：看遍自然界的生灵——动物。在自然界中，动物是和我们共同生存的伙伴，在生活中可以看到，动物园也可以看到。让宝宝仔细观察动物的特征，听听它们的叫声等，也可以模仿动物的动作和叫声。可以让宝宝尝试触摸一些没有攻击性、比较温顺的小动物，也可以让宝宝

给动物喂它们喜欢的食物（动物园允许的情况下）。

宝宝体验：这个世界多么有趣，不止我们人类，还有好多小生命和我们一起共存，真高兴呀！

父母观点：让宝宝懂得小动物和我们人类一样是有生命的，要爱护小动物，和小动物和谐相处。在安全的情况下，家长应该允许宝宝与小动物接触，不要让宝宝对动物产生恐惧感。

注意事项：父母要事先考虑到与小动物接触的卫生问题，要避免宝宝被动物传染上疾病。另外观看大型动物时要注意做好防护措施，让宝宝不要靠近或触摸有攻击性的动物，也不要给动物乱喂食物。

采摘体验

地点：采摘园、生态园、农业观光园、农家院等。

游戏玩法：从春天的樱桃、草莓，夏天的桑葚、西瓜、桃子，再到秋天的葡萄、苹果和梨，大自然一年四季给我们提供了各种口味的享受。父母可以带着宝宝去采摘园采摘不同时节的蔬菜和水果等。

引导宝宝观察果实是长在树上还是伏在地面，或是深藏地下的。让宝宝对比一下采摘园里看到的瓜果和在超市里看到的有什么不同，比如在采摘园里黄瓜是长在架上的，而在超市里黄瓜是放在货柜上的。教给宝宝采摘的方法，让宝宝亲自动手感受采摘的快乐。

宝宝体验：大自然真奇妙，草莓为了能在浓密的绿叶下不被埋没，所以长成了红色吗？原来花生的果实是长在地下的……吃着自己亲自采摘的果实真快乐！

父母观点：让宝宝认识常见的蔬菜和水果，懂得蔬果、粮食来之不易，要珍惜。还可以把采摘的蔬菜带回家烹饪，相信孩子吃得会更香，也许原来不爱吃蔬菜水果的宝宝从此对蔬菜和水果有了兴趣。

注意事项：和孩子一起摘比较高的果实时，注意不要让高处的树枝划伤孩子的头部；进采摘园时，带一瓶饮用水，既可以在采摘期间给孩子补水，也可以在遇到宝宝想吃的水果时为其冲洗；边采摘边吃时，要叮嘱孩子千万不要浪费；如果和孩子一起刨地下的果实，在结束后要及时提醒孩子洗手，防止不经意间孩子用手揉眼睛，手上的尘土也跟着进去。

社交恐惧症

与人交往，待人以至诚，才能换取真挚的友谊。

——［美］戴尔·卡耐基

专家观点

勿让社交恐惧症阻碍儿童成长

儿童社交恐惧症是一种常见的儿童期情绪障碍，是指儿童对新环境或陌生人产生恐惧焦虑的情绪和回避行为。这种情绪障碍严重影响儿童的身心健康，如果任由这种障碍继续下去，对儿童的成长极为不利。有研究表明，患有社交恐惧症等心理障碍的儿童在自我认知、情感态度、生活、学习等方面与正常儿童相比存在着明显差异。社交恐惧症的典型症状表现为在陌生的环境或者是公共场合中，儿童会表现出极度的恐慌、紧张，过分的尴尬、害羞，对自己的行为过分关注，甚至会表现出身体不适、不语、退缩等行为。

孩子初到社会为什么会患上社交恐惧症呢？其原因很复杂，有可能是先天的遗传因素，也有可能是后天教养的结果。其中大多数儿童患上社交恐惧症是由后天影响造成的。

首先，不和谐的家庭环境是导致儿童患上社交恐惧症的原因之一。如果儿童早期生活在一个家庭关系紧张的环境中，父母经常吵架，婆媳关系不和等，都会让儿童产生自我退缩、封闭等防御行为，进而影响到儿童以后害怕面对陌生人。其次，儿童的某些性格特征如果没有得到很好的发展与完善，也会影响与他人的交往。如果儿童生来为抑郁型气质，性格内向，不喜欢与人接触；或者儿童生性敏感、多

141

虑，总是觉得别人对他厌恶、贬低，那么，这些因素都会影响儿童今后与他人的正常交往。再次，由于社会的发展，人与人面对面的沟通、交流逐渐被网络、电话所取代，邻里亲戚之间也沟通、交往甚少，再加上独生子女较多，父母工作忙，儿童缺少沟通、交往的对象，随之而来的交往活动也大大减少。长此以往，儿童的沟通交往能力也会减弱，使之在面对陌生人时容易产生恐慌感，不知如何沟通，这样也容易导致儿童社交恐惧症的产生。

改善儿童的交往困境，让儿童能与他人正常交往，关键在于父母的教养方法，以及入幼儿园后老师与家长的密切配合。首先，父母要做到与人和善交往，要给儿童树立良好的榜样，给他们提供一个良好的成长环境，让他们心中有安全感。其次，让儿童多多接触陌生人，特别是同龄的小朋友，让他们从陌生到熟悉，用自己的方式来进行沟通交流。再次，培养儿童一些交往的技巧，懂得与人为善，学会分享，对自己充满自信，增加儿童与他人沟通的机会并产生积极的沟通效果，从而促进儿童沟通的积极性以及沟通能力的发展。

自古以来，社会交往是人生存的一项基本需求，人际交往的发展会直接影响到一个人的精神乃至物质生活。因此，儿童社交恐惧症是一个亟待解决的儿童交往障碍问题，需要引起全社会的重视。

帮助孩子克服社交障碍

不喜欢与小朋友玩

Q: 我家妞妞3岁了，在幼儿园里老是喜欢一个人玩，有集体活动时，也一个人玩，幼儿园老师跟我沟通过好几次。孩子在家里很喜欢说话，也是很活泼，怎么到幼儿园就这样了呢？我跟孩子沟通得很好，我问她为什么不跟小朋友一起玩，孩子就是说不乐意，也没有准确的原因，这是怎么回事呢？

A: 妞妞出现这种独自玩耍行为的原因很多，父母要弄清楚原因才能有的放矢地指导孩子融入到集体中。

出现这种情况有可能是妞妞刚刚进入幼儿园，到陌生的环境，对突然出现的那么多人不太习惯；平时在家有可能都是自己玩耍，因此不太懂得与他人沟通交往的技巧，和其他小朋友在一起时不知道该怎样做。如果是这样，父母可以教授孩子一些与其他小朋友沟通的技巧，如为了表示自己与他人的友好，可以说"我今天学了一个小游戏，我们一起来玩吧"，或者将自己的玩具与其他小朋友分享，这样会逐渐地交到朋友，也就慢慢地融入到集体中了。

还有可能是妞妞与其他小朋友在交往过程中受过挫折。例如妞妞可能在交往时被其他小朋友欺负了，或者是妞妞与其他小朋友在玩耍时产生了矛盾，被大家孤立了等等，这都可能导致妞妞在心理上产生挫折感，因此不愿与其他小朋友玩耍。

妈妈可以多和孩子沟通，或者是向幼儿园的小朋友了解一下情况，这样才能弄清楚妞妞独自玩耍的真正原因，然后与老师配合，为妞妞与同学之间搭起沟通的桥梁。

当乖乖女遇上"小霸王"

Q： 我家晨晨平时比较文静，虽也喜欢和小朋友一起玩，但遇到活泼的小朋友，就总是退缩。他们班上有一个"小霸王"，在学校有时喜欢咬一下同学的耳朵，和同学抢玩具玩，前几天晨晨就被"小霸王"咬伤了，做家长的也不能鼓励孩子去打架，该如何让孩子学会保护自己呢，是不是应该让孩子以后不要和"小霸王"玩呢？

A： 当乖乖女碰到"小霸王"时，首先要让孩子学会保护自己。当"小霸王"发出攻击行为时，要让孩子懂得迅速躲避开，然后要让孩子学会捍卫自己的权益，严厉地告诉他说："你不能咬人、打人，再这样其他小朋友都不会再和你玩了。"也可以告诉老师。如果孩子对"小霸王"的这种行为忍让、退缩，只会助长"小霸

王"嚣张的气焰。此外，不要轻易告诉孩子不许和这个"小霸王"玩，这样会破坏孩子之间正常的友谊，孩子在年幼时经历一下这种交往也是必要的，如果孩子能处理得当，学会尝试用不同的方式与"小霸王"更好地相处，这样会有利于孩子交往能力的发展。

认生的孩子

Q： 我家的叮当今年 5 岁了，是男孩，在家里不怕任何人，可是一到陌生地方，或者是家里来了陌生人，孩子就变得很胆小，和别人不打招呼，也不与别人交流，就围着大人转，放不开，怎么开导、训练也没收到好的效果。

A： 有些孩子由于其适应新的环境较慢，安全感较差，比其他孩子需要更多的时间来适应新环境。父母此时不要急于把孩子置身于新的环境中去，这样会适得其反，也不要斥责孩子，例如在他人面前说孩子害羞、胆小等，这样会让孩子真的觉得自己就是害羞，认为自己不必与他人交流了。父母可以一点点地引导孩子，告诉孩子如何称呼陌生人。同时父母也可以向

陌生人介绍自己家的孩子，这样他人也会与孩子打招呼，从而拉近客人与孩子的距离。如果孩子一点点地在进步，再见到曾经被介绍的客人时能主动打招呼，这说明孩子已经逐渐克服自己的恐惧感，此时父母要对孩子多加鼓励。

插画：宋雪

重视孩子交往能力的培养

给孩子营造健康的交往环境

一个人的交往能力不是一朝一夕就能形成的，是要从小培养的。孩子交往能力的形成需要良好的、健康的交往环境。那么什么才是良好的、健康的交往环境呢？

和谐的家庭环境

家庭环境的影响对孩子来说是潜移默化的。想要让孩子有一个和谐、健康的人际交往关系，父母就必须为孩子创造一个和谐、健康的家庭环境。有研究表明，婴儿与母亲的关系是以后诸多人际关系形成的基础，母婴关系在很大程度上影响了婴儿以后人际关系的形成，父亲与婴儿的游戏也有助于促进婴儿的社会交往。脱离这种交往，形成和发展人际关系就会出现困难。因此，父母与孩子要多沟通、交流，多陪陪孩子，这样会促进孩子人际交往能力的发展。

开放式的社会环境

如果孩子小时候总是被"关"到屋子中，长期面对电视和电脑，很少见到生人，父母又很少让他们到外面与其他孩子一起玩耍，这样的孩子大多活动能力较差，不善于交往，胆怯、缺乏独立精神。因此父母要给孩子创造一个开放式的社会交往环境，不失时机地给孩子提供各种各样的社会交往机会，让孩子多与同龄或稍大一些的小伙伴玩耍，带孩子多参加一些利于孩子身心健康的聚会或者给孩子提供在众人面前表现自己的机会。

易患社交恐惧症的孩子

1. 性格内向，情绪不稳定。情绪不稳定，易焦虑，过于敏感；性格内向，自卑、缺乏自信的孩子容易出现社交障碍。

2. 语言表达不连贯。由于孩子的语言表达不清晰，在与他人沟通时，导致别人听不懂或者难以耐心倾听孩子的表述，会引起别人的反感，这会使孩子在与他人交往的过程中产生焦虑情绪。

3. 家庭关系不和谐。父母、家人常吵架会让孩子产生不安全感，让孩子不愿意与他人交流，把自己封闭在固定的空间内，从而让自己更压抑，这样的孩子以后患社交恐惧症的几率更大些。

4. 家庭地址经常变动。一些孩子随着父母工作地点的变动常要换新的生活环境，从而被迫与一些要好的小伙伴分离，而到一个新环境孩子又需要花很长的时间去结识新伙伴，这样也容易给孩子心理带来失落感，从而不愿结交新朋友。

5. 与父母长期分离。父母不在身边，长期与老人相处，对父母较陌生，缺乏与父母的沟通，日后也影响与他人的交往。

6. 被过度溺爱。家人对孩子过分溺爱，怕孩子被其他小朋友欺负，不让孩子与其他小朋友玩，这样会影响孩子与其他小朋友的交往。

7. 在交往的过程中心理曾遭受创伤。如遭受欺侮，遭受父母的当众打骂，或者曾走失，受过惊吓，而孩子的心理创伤没有得到较好的修复，那么他的社交能力必然受到抑制。

从零起步培养孩子的交往能力

当今社会，交往能力是人基本的生存技能之一。交往能力对于一个人很好地融入社会并充分展示自己的才能是非常重要的。那么，父母该如何培养自己孩子的交往能力呢？

0—1 岁：妈妈说，孩子听

孩子出生后到 1 岁左右，虽然还不能用具体的话语同母亲交流，但是已经能通过哭、笑以及踢腿、挥手等肢体语言来表达自己的感受，或者用咿咿呀呀的语言同母亲沟通交流。这段时期，妈妈要多和孩子进行语言沟通，当孩子高兴或者哭泣时用轻柔的声音和孩子对话，同时用眼神与孩子沟通，并伴之以温柔的抚摸，让孩子感受妈妈对自己的爱，同时也能让孩子懂得主动和妈妈用各种方式交流。

1—3 岁：带孩子多接触他人

这个年龄段的孩子已经会用简单的字句与他人交流了，同时孩子也出现了分离焦虑、认生等情况。爸爸妈妈在孩子的这个时期要给予他们足够的关爱，多陪孩子做做游戏，多亲一亲、抱一抱孩子，让孩子知道爸爸妈妈爱他们，让他们有安全感。这个时期爸爸妈妈可以多带孩子见一见亲戚朋友，参加一些家庭的聚会，多带孩子认识一些小朋友，并把孩子郑重地介绍给陌生人，让孩子觉得自己受到重视，并能很好地与他人沟通。

3—6 岁：给孩子自由的沟通空间

这个年龄段是发展孩子交往能力的黄金时期。此时的孩子上了幼儿园，开始正式地融入到集体生活中。要让孩子多与小朋友玩耍，充分地参与到与同龄小朋友的游戏中去，并在游戏中运用自己的方式与其他小伙伴进行良好的沟通、协作，从而发展孩子的交往能力。

在幼儿园中发展孩子的交往能力

一般孩子在 3 岁左右便能用语言与他人较好地进行沟通与交流，开始能分清自我与他人，孩子有较强的与他人交往的愿望，而且上了幼儿园的孩子又开始接触陌生的环境，所以这是培养孩子交往能力的黄金时期。

首先，在孩子入园前，父母要适当地给孩子一些准备，带孩子去看看幼儿园，告诉幼儿园中会有很多小朋友与其一起玩耍、吃饭、睡觉，让孩子在心理上对与小朋友在一起充满期待。

其次，及时了解孩子在幼儿园的表现，并与老师保持沟通。一些孩子初到幼儿园，对陌生的环境和突然间多了许多小朋友感觉很不适应，孩子经常独坐，不知道如何与其他孩子沟通；一些孩子由于是独生子女，在家被父母宠着，因此到了幼儿园处处要强，做什么都要自己先来，这样会与其他小朋友发生争执，久而久之会被大家疏远……对于孩子在幼儿园的种种情况，您是否知晓呢？在放学后父母可以用聊天的方式询问孩子在幼儿园表现得如何，与小朋友是否玩得开心，并时常与老师沟通孩子在幼儿园的表现是否与孩子述说的相符合。此外，针对孩子的一些行为要及时给予指导，让孩子主动与别人分享自己的东西，向其他小朋友示好。

要想孩子在幼儿园与其他小朋友相处得和睦融洽，与幼儿园的其他孩子父母的沟通也是很必要的。在等孩子放学的时候，和其他的父母聊聊天，互相沟通一下孩子的情况，也有助于孩子之间的交往。

培养孩子交往技能四方略

人际交往需要一定的交往技能，孩子之间的交往同样也需要一定的原则及技巧。

积极用语言与人交往

表达能力强的孩子，能让别人更好地理解自己，产生认同，从而在交往中占据优势。不喜欢与人交往的孩子，其中原因之一是与人交谈时，总觉得不知道说什么，怎么说。所以父母应当特别注意孩子语言表达能力的培养，包括意思的陈述训练、口齿清楚训练、语言连贯训练等，只有做好这些训练，孩子才能更完整更清晰地表达自己，才能在交往中具备一定优势。此外，教孩子使用一些礼貌用语，例如："请""谢谢""对不起"等。在使用礼貌语言时向别人传达自己的友好态度，必然受到大家的欢迎。

懂得交互原则

人际交往最基本的原则是交互原则，这说明人际关系的基础是人与人之间的相互重视、相互支持，并且懂得欣赏对方。这个原则同样适合于孩子的人际交往。父母应当教育孩子，要想得到别人的友谊，一定要先向别人表示自己的友好，当自己的友好被别人接受时，别人同样也会报之以友好的态度，这样交往就会进入一种良好的循环状态，有利于更进一步交往关系的建立。

学会合作与分享

在实际生活中，最受欢迎的孩子往往

不是最漂亮的，也不是最能说会道的，而是有好东西能够想到朋友，与朋友分享的孩子。孩子从幼儿园回来经常会说自己喜欢谁，原因可能就是某个小朋友与其分享了自己的新玩具或者与其一起做游戏了。能和别人分享自己的东西，并懂得和大家一起玩耍，更好地融入到集体中，这样的孩子是很受欢迎的。如果孩子从小能够学会分享与合作，这将是他一生受用不尽的财富。

提高自信，克服胆小和羞怯心理

很多孩子在家中很活泼，与家人能说会道，可是到了陌生场合就面红耳赤，总是躲在大人的后面。究其原因，主要是孩子缺乏自信，有胆小羞怯的心理。对于这样的孩子，父母在平时要多鼓励孩子，不要孩子做错事情就采用说教的教育方式，而要是多带孩子到人多的场合或陌生的场合，鼓励他们主动接触一些人，或鼓励他们主动处理一些事，培养孩子的胆量和与人交往的能力。

总之，父母对于孩子的人际交往应当非常重视，作为孩子的启蒙老师，父母应当给孩子们最正确的引导和关注，让这些基本的交往技巧为他们建立良好的人际关系打下基础。

亲子游戏：角色扮演

给孩子营造健康的交往环境

角色扮演游戏对孩子社会交往能力的培养有着重要的意义。它能丰富孩子的交往内容，让孩子学会谦让、合作。正如马卡连柯所说的："未来的活动家，首先是在游戏中培养起来的。"

下面有两个经典的角色扮演游戏，希望爸爸妈妈们在陪孩子游戏的同时，可以再仔细地回味一下自己童年的美好时光。

游戏名称：我家来客人了

场地：家中的客厅。

游戏玩法：1. 让孩子邀请爸爸、妈妈、爷爷、奶奶或者是一起玩耍的小伙伴等一起参与游戏。

2. 先让孩子做家中的小主人，其余的人做客人，模拟敲门进屋。

3. 当"客人"进屋后，让孩子自己尽情地发挥，像小主人一样来招待客人。

4. 当"客人"走时，孩子尝试着用平时父母教的礼貌用语与客人道别。

5. "主人"与"客人"互换角色，这次由孩子来充当小客人，其他人做主人。

游戏意义：在招待"客人"和在别人家中"做客"的过程中，孩子会主动思考如何与他人沟通、交流，并且在游戏过程中学会"招待客人"与到别人家里"做客"的礼仪。温馨提示：在游戏中，小孩子一定会热情地参与其中，如果孩子不知道一些招待客人的礼仪，父母可以适当地提示一下，或者游戏结束后和孩子讨论怎么样的待客与做客之道是比较适宜的，切忌批评指责孩子。

游戏名称：售货员

场地：室内或者户外的草坪、公园、树林等较安全的地方。

游戏玩法：1. 首先让孩子自主选择是先做"售货员"还是"顾客"。

2. 游戏开始前爸爸妈妈可以和孩子一起来商量一下用什么当货币，可以用精美的石头、树叶或者是卡片等。然后"售货员"可以收集货物来出售，"顾客"要拿"钱币"来购买自己喜欢的东西。

3. 玩一段时间后，"售货员"和"顾客"交换角色，然后继续进行游戏。

游戏意义：这个小游戏可以让孩子了解买卖商品的双方是必须要沟通和交流的，一个人无法单独完成，因此要善于与人交流。

温馨提示：对于"70后"、"80后"、"90后"的爸爸妈妈们来说，"买卖商品"的小游戏再为熟悉不过了。爸爸妈妈们可以边陪伴孩子做游戏，边寻找记忆中自己童年的美好时光。

性别教育

子女之教育，一般人常有谬误：对女儿之教育专注意其身体，忽略其精神；而对儿子则忙于修饰其精神，而忽略其身体。

—— ［英］休谟

专家观点

培养孩子性别意识的重要性

　　人的性别包括生理性别和心理性别两方面。其中生理性别是由遗传决定的，我们可通过生殖器官、第二性征来判断；心理性别是后天形成的，与家庭、社会的教育有关系。培养孩子的性别意识也就是培养孩子的心理性别认同感。一般孩子的性别角色从3岁以后开始建立，进入青春期后才形成。

　　一提到孩子的性别教育，很多家长会觉得没有必要，男孩就是男孩，女孩就是女孩。这是孩子在母亲肚子里就定了的事实，不会改变，更没必要进行专门的教育。但是，越来越多的事例表明对孩子进行科学的性别教育是非常必要的。人是社会的人，只有被社会所接纳，真正地融入社会，才能在社会上立足，并快乐地生活。孩子性别角色的发展过程就是在生物学性别基础上，逐步成长为被社会所认可的男性或女性的过程。如果孩子在幼年期没有接受科学的性别教育，则较容易形成不良的性别心理，影响孩子的生活。

　　家长如果有重男轻女的性别歧视心理，在对女孩的教育上带有明显的性别歧视，则容易使女孩产生严重的自卑心理，等孩子从家庭进入学校、社会后，就不容易建立自信，从而影响学业和事业发展。重男轻女的育儿观念也可能会对男孩产生影响，男孩会觉得自己具有性别优势，从而没有建立起性别平等的意识，导致其不懂得尊重女性，甚至不懂得尊重自己的母亲。由于受家庭观念、社会价值导向等种种因素的影响，有些孩子不能认可自己的性别，他们希望自己是与之相反的性别。例如有的女孩喜欢男孩子的东西，衣服的选择、玩具的偏好、爱好、性格等都朝着男孩子的方向发展；而有的男孩喜欢女孩子的东西，爱哭、胆小爱和女孩玩。"假小子"与"假姑娘"的问题，在孩子小的时候就会出现苗头，家长如果不注意加以正确引导，在孩子到了青春期或者年纪更大的时候，性取向就可能出现问题。当问题出现时再去引导，就为时已晚了。

家长要在幼儿时期培养孩子的性别意识。科学的性别教育有助于孩子形成健康的性别心理，这关系到孩子的日常生活、学习，以及成年后的工作、婚姻家庭等各个方面。

让孩子对性别有清晰的认识

孩子的性别认知和发展

孩子在婴儿时期，通过自身的观察和感受来慢慢地了解性别，他们能感受到父母不同的气息、语气、声音等。大部分孩子会在 3 岁左右开始建立自己的性别角色意识。他们知道自己是男孩还是女孩，当别人问起自己的性别时，也能够给予正确回答。但是，他们还是仅仅从外部特征来区分性别，例如名字、服饰、玩具、发型等等。他们还不明白男女的不同，也不知道性别是恒定不变的，他们会觉得男孩穿上裙子就变成了女孩，女孩剪了短头发就变成了男孩等等。

等孩子到了 4 岁，对性别的差异更敏感了。他们发现了男女上厕所的方式不同，并会对其进行探索，除了问父母外，还自己进行体验。例如有的女孩会模仿男孩站着尿尿，有的男孩也会模仿女孩蹲着尿尿等。除了发现男女上厕所方式的不同外，他们对男女的生殖器也产生了好奇，首先是对自己的生殖器产生好奇，他们可能会常常用手拨弄自己的生殖器官，或者拿镜子照照。了解了自己的生殖器后，有些孩子还想看看别人的生殖器，因此在孩子们之间，还常常会有脱裤子的游戏。

到了 5 岁以后，孩子已经意识到男女在生理上的不同，开始懂得不好意思，不会在异性面前换衣服、上厕所、洗澡等，有的孩子还出现只允许与自己性别相同的父母一方陪同自己洗澡、上厕所、睡觉等。这时他们开始主动地追求与自己性别相符合的具有性别特征的物品，例如男孩子一般喜欢玩机器人、汽车、手枪等玩具，且主要选择蓝色、黑色、灰色系的物品；女孩子则喜欢玩洋娃娃，且主要选择红色、粉红色、橙色系的物品。这个阶段的孩子对性别角色的印象深刻，会将玩具、衣着、日用品、游戏、颜色等与一种性别联系起来，与另一种性别严格隔离。对此，父母不必过多干涉，因为这种现象随着孩子年龄的增长，会不断地得到缓解。5 岁以后的孩子也渐渐地理解了性别的恒定性，知道性别不会随着时间、穿着的变化而变化。

给孩子适宜的性别教育环境

对孩子进行性别教育，应该从婴儿时期就开始进行。从孩子刚一来到这个世界，就拥有了属于自己的性别，父母应该把孩子安排在适宜其性别发展的环境中。例如父母在给女孩选择穿着、床饰、玩具、奶嘴等时，可以选择代表女性的浅粉色等，而给男孩则选择深色等；在对孩子的能力进行培养时，要特别注意男孩力量的培养。

等孩子稍微大一些时，父母要在口头上告诉孩子，让孩子知道自己是男孩还是女孩，还可以在洗澡时对孩子进行性别教育。当然，你仍然需要为孩子选择与其性别相匹配的服装与配饰，给女孩多穿裙装，玩具以洋娃娃、烹饪玩具为主；而男孩必须穿裤装。这里需要注意的是，有的父母出于对女孩服饰的偏爱，也会给小男孩穿女装，给男孩穿女装的行为会对孩子形成正确的心理性别产生负面影响。父母给男孩选择玩具时可以是工具类、模型类等。

孩子上了幼儿园之后，父母要给孩子更多性别方面的知识，让孩子知道不能在异性面前穿脱衣服、洗澡、上厕所，让孩子学着辨认男女厕所的不同标志，并引导孩子去符合自己性别的卫生间方便。在日常生活中，经常能看到这样的现象，妈妈带着男孩去女卫生间或者女浴室，或者爸爸带着女儿去男卫生间或者男浴室。这不仅会使正在使用卫生间或浴室的其他大人感到尴尬，也不利于孩子性别意识的培养。父母应该让孩子到符合自己性别的场所去如厕或洗浴等。此外，对孩子进行如厕训练的时候需要注意，女儿最好由妈妈来负责，儿子最好由爸爸来负责，除了要教给孩子正确的如厕方法与步骤，还需教给孩子正确的擦拭方法等。父母在对孩子的教育中，男孩女孩也要有适当区分，例如在教育男孩时，要培养孩子的勇气、责任心、意志力等；而对女孩的教育，要重在培养孩子的耐心、气质等。

孩子们之间的游戏也要有较明显的性别区分，这也是培养孩子性别意识，帮孩子形成正常性别心理的正确途径。具有了合作意识的孩子们，大多喜欢玩角色扮演的游戏，女孩子通常喜欢扮演妈妈、姐姐，男孩子通常喜欢扮演爸爸、哥哥；女孩子选择的职业大多数是护士、医生、教师等，男孩子则选择警察、军人等。当然，孩子们有时候也会出现女孩演爸爸，男孩演妈妈的情况，这可能是游戏的人数中男女比例不协调，孩子也是出于游戏的顺利进行才这样做的，偶尔几次，父母不必在意，但是如果每次都是孩子积极主动地提议要扮演与自己性别相悖的角色，父母就需要对孩子进行适当引导了。

教孩子认同并尊重自己的性别

父母对孩子心理性别的影响

孩子的心理性别是在后天形成的，这与父母对待性别的态度和行为是分不开的。父母是孩子主要的性别角色模仿对象，所以要特别注意自己的言行。

父母之间要注意性别尊重

夫妻之间要注意感情和睦，家庭和睦的环境有利于孩子各方面健康发展。父母要彼此相互尊重，避免在孩子面前吵架、打架等。如果家庭中有暴力现象存在，孩子就有可能讨厌施暴方的性别，从而影响孩子对该性别的认知。在夫妻相处上，做丈夫的要注意关爱妻子，照顾妻子，对女性给予细致的照顾。同样，做妻子的也要给予丈夫同样的尊重与关爱。

父母要注意自己的言行

由于父母是孩子最重要的启蒙老师，是最容易被孩子模仿的对象，所以父母要特别注意自己的言行。为了不让孩子过早地观看异性的身体，过早地激发其对异性身体探索的欲望，在家里，父母要注意不要在孩子面前裸露自己的身体，更不要在孩子面前有过于亲密的行为。父母要适时地与孩子分床睡。最好在孩子3—5岁之间就与其分室休息，即使条件不允许，也要分床休息。同时，为了让孩子形成性别平等的意识，父母还需注意不要在孩子面前表达自己对性别的好恶等。

父母要给孩子恰当的爱

父母除了要为孩子提供和谐的家庭环境与正确的言行引导外，还需给孩子恰当的爱。给儿子过多的母爱和给女儿过多的父爱，都会让孩子分不清楚母爱（父爱）与情爱，都会对孩子将来的婚恋生活带来或多或少的影响。大多数孩子都会有恋父或者恋母的情结，这时，父母要注意给予孩子恰当的爱，引导孩子去感受父母双方的爱，这也有利于孩子对性别的认同。

认同孩子的性别

大多数父母在孩子还是胎儿的时候，就猜测着孩子的性别，每个人对孩子的性别都有不同的期待。但是，随着孩子呱呱坠地，孩子的性别之谜也随之揭晓，这时，真是几家欢喜几家忧。那么，当孩子的性别不是自己预期的性别时该怎么办？

首先，做父母的需要认可孩子的性别，孩子出生了，男孩就是男孩，女孩就是女孩，已经是既定的事实，没法改变了。有些父母为了满足自己的心理需求，

常常把孩子当作自己希望的性别来养，例如有的父母喜欢女孩，在孩子还没有出生时，就买了各种女孩的用品——蕾丝的蚊帐，粉红色的奶瓶等。即使知道自己生的是男孩后，还是把男孩当女孩养，给孩子穿裙子，戴有蝴蝶结的帽子，觉得孩子还小，穿着打扮无所谓，甚至有些父母在孩子上幼儿园的时候，仍然给孩子选择不符合其性别的玩具、服装、饰品等。父母要认同孩子的性别，在孩子还是婴儿的时候，就注重对孩子进行性别意识的培养。如果长时间给孩子异性的打扮，容易使孩子产生性别认同问题，例如男孩喜欢女孩子的玩具，喜欢女孩子的衣服；女孩喜欢男孩子的发型，喜欢男孩子的服装与玩具等。

其次，父母需要赞美孩子的性别。喜欢进行对比是孩子的天性，就像孩子喜欢问，是孙悟空厉害还是奥特曼厉害一样。孩子知道性别有男女之分后，就会想知道到底是男孩好还是女孩好。无论你的孩子是男孩还是女孩，在回答孩子问题的时候，一定不要对任何一个性别给予否定的评判。你可以告诉孩子，男孩和女孩都好，男孩勇敢、聪明、有力量、爱思考、

喜欢冒险；女孩认真、温柔、有耐心、比较细致，各有各的优点。赞美孩子的性别还包括注意回避对性别的不良评价。例如有些父母会觉得男孩天性好玩，无法专注于学习语言，就会常常在孩子面前说男孩对语言的掌握能力比较弱；有些父母觉得女孩没有男孩聪明，因此学不好数理化，在孩子很小的时候就灌输这样的思想，等孩子到了学习数理化的时候，就会对自己产生一种心理上的暗示，觉得自己肯定不行。这会对孩子的学习产生很大的负面影响。

父母对孩子性别的认同与赞美，是孩子自我肯定的力量，父母要特别注意自己对性别的认同，并不时地给孩子以赞美，增强孩子的自信心。

孩子性别探索期常见问题

我从哪里来

每个人小时候都有过这样的疑问："我是从哪里来的？"这个问题着实让做父母的为难，到底该不该和孩子讨论这个问题呢？该怎样和孩子谈这个问题呢？

首先，父母对这个问题采取回避的态度是错误的。父母回避的态度和行为，会让孩子觉得你只是不想和他们谈论这个问题。孩子会觉得这一问题非常神秘，反而激发了他们的探索欲望。这就有可能引起孩子对性的错误认知，对孩子的身心发展不利。

父母在回答孩子这个问题的时候，不要仅仅停留在生命孕育知识的普及上，还要让孩子知道自己是父母非常相爱才有的结晶，让孩子觉得自己是被爱包围的。而用"垃圾堆里捡来的"这种解释，会让孩子感受不到父母对自己的爱与期待。妈妈不妨把问题转移到生命的孕育中来。让孩子看看自己怀孕时的照片，怀孕时穿过的衣服、用过的物品；也可以给孩子讲讲怀孕过程中的事情。让孩子知道妈妈孕育生命的艰辛，从而还能培养孩子的孝心。

父母要承担起回答孩子"性问题"的责任，让孩子在父母之外寻求答案前，从容、健康地度过人生的第一个性困惑期。

教孩子保护好身体隐私

有些父母可能会觉得孩子还小，身体

的隐私保护不是一个重要的问题，等孩子稍微大点儿的时候再对其进行教育也不晚。但是，现实状况是孩子遭遇性侵害的事件时有发生。提高孩子的自我保护意识，预防性侵害是十分必要的。

父母首先要让孩子明白什么是"身体隐私部位"，建立"隐私"的概念。父母可以在给孩子洗澡的时候，告知孩子哪些部位是隐私的，是不能够露在外面给人看的，更不能让别人摸这些地方。

父母还要告诉孩子一些保护自己身体隐私的基本方法，树立保护自己隐私的意识，例如：如果有人想摸他们身上的隐私部位时，要大声地说："不可以！"如果自己的身体隐私被别人侵犯了，要告诉爸爸妈妈；换衣服和上厕所的时候要关好门，不能让别人看到。

父母也要教给孩子清洗和护理身体隐私部位的方法。例如：要告诉孩子"从前往后"的清洗和擦拭方式，坚持每天清洗等知识。

在我们的日常生活中，对孩子进行性健康教育是薄弱环节，其实这部分内容是孩子性别教育的重要组成部分。父母要让孩子学会尊重他人、保护自己，让孩子健康、快乐地成长，父母是孩子第一健康教育老师！

孩子体验异性小便方式

李女士的女儿3岁半了，最近总是尿裤子。本来都已经学会蹲下来尿尿的她，现在却总是站着方便。家人问她为什么尿裤子了，她说想和乐乐一样站着尿尿。对于女儿的行为，李女士很是苦恼，只能告诉孩子下次不许这样了。但是，下次女儿还是照样站着尿尿，孩子到底为什么会出现这种行为呢？

3岁左右的孩子，常常会出现相互模仿异性小便的现象，男孩子模仿女孩蹲着小便，女孩模仿男孩站着小便，其中以女孩出现的模仿现象居多。出现这种情况的原因之一是孩子对异性小便方式的好奇。父母遇到这种情况时，不要粗暴地对孩子的行为进行制止，也不要责备孩子，让孩子觉得这是不好的行为，是丢脸的。这时，父母只需要对孩子弄脏的衣裤进行换洗，并告诉孩子这样做会弄脏衣物，弄湿了裤子还会造成身体不舒服，清洗起来非常困难。如果是男孩子出现这样的行为，需要父亲带着孩子指导其小便，让孩子觉得可以站着尿尿是很正常的事情，孩子自然会欣然接受站着尿尿的方式了。

此外，女孩学男孩站着尿尿还有一个原因是，男孩站着小便的方式较便捷，不需要脱下裤子。孩子只是在探索一种方便的解决自己生理问题的方法而已，父母不必过于紧张，注意给孩子穿较易穿脱的裤子，方便孩子如厕就行了。孩子模仿异性进行小便的行为，会随着孩子年龄的增长而逐渐消失。

更多专题内容，请见贝瓦网 www.beva.com

常回家看看，
养父母身，
暖父母心！

轻松育儿 Q&A

孩子特别任性、爱发脾气，应该怎么办？

Q： 孩子特别任性、爱发脾气，应该怎么办？

A： 任性，爱发脾气，动不动就哭闹，是在很多婴幼儿身上都会出现的行为。

具体场景

情景一：我家宝宝3周岁了，上幼儿园有一个月了，最近特爱发脾气、任性。老师反映在幼儿园还是挺听话的，可不知为什么回家就爱发脾气，怎么哄都哄不住！

情景二：明明4岁了，特别任性，动不动就哭闹。一次，明明爸爸的几位老同学到家里聚会，事先妈妈已经和他讲好要懂事，不要哭闹，可是大家正谈得高兴时，明明执意要爸爸带他去外面玩。爸爸跟明明讲明不能出去玩的原因和道理，他还是不听，哭闹不休，满地打滚，令爸爸感到非常尴尬。

原因

1. 家长无原则地迁就，孩子平时过分的宠爱，很少受挫折，心理承受力差。当他们遇到批评或相反的意见，便无法忍受。

2. 当某次孩子大发脾气，大哭大闹后，家长屈服了。从此，他们就发现发脾气的妙用，把发脾气作为要挟父母的手段。

3. 家长提出的要求过高，过于严格，孩子不能适应，会仍然按着自己的性子去做。久而久之，造成对成人不信任，不愿意听从成人的意见。

4. 孩子的大脑皮层的抑制机能尚未完全成熟，控制和调节能力还比较弱。当他们的意愿得不到满足时，在情绪上就容易冲动，行为难以控制，从而出现任性的行为。

正确态度

在孩子成长过程中，3—4岁是人生的第一个"反抗期"。家长要正确认识儿童的成长规律，尊重幼儿成长规律，进行正确引导。

如何看待儿童上网行为

解决思路

1. 父母要为孩子树立控制情绪的榜样。如果做父母的在遇到挫折或不顺利的事情时，就怒发冲冠，摔摔打打，那么就别指望孩子能控制自己的怒气了。

2. 要鼓励孩子用语言表达自己的感受和需求，对他们正当的需求应尽量满足，不能满足时应耐心解释，帮助孩子提高自控能力。

3. 父母及家人对待孩子的态度要一致，当孩子没有道理地发脾气时，不能因孩子的哭闹而妥协。

4. 负强化，置之不理。置之不理是帮助孩子摆脱发脾气习惯的最见效的方法。孩子发脾气的主要目的是想得到成人的注意。只要孩子没有什么危险，就不要去理会。这样孩子就会意识到发脾气没有什么用，还是少用它为好。

5. 正强化，适当表扬、奖励。当孩子不发脾气时，应该对孩子进行表扬。你可以说："你能好好听我讲话，我很高兴。"等等。

Q： 美国教育部发布的调查报告表明，在美国的幼儿园中，有三分之二的孩子会操作电脑，如果再算上学前班的孩子，幼儿上网的比率达到了80％。在中国，让孩子在这么小的年纪就开始接触电脑，很多家长都顾虑重重。如何看待儿童上网行为？

A： 美国国内仅专为学龄前儿童开设的教育网站就有几十个之多。这些网站"以教为本，寓教于乐"，很受孩子们欢迎。例如：较有名的有"芝麻街"等。国内的一些专家认为，电脑在教给孩子们技能的同时，还可以塑造孩子们的性格。孩子们在学习电脑的过程中，可以发掘敢于冒险的精神，并且会变得更加愿意接受挑战。而和同伴一同学习使用电脑，还可以培养孩子们的团队意识。

也有专家认为，儿童在拓展自己的知识领域方面有着无穷的能量，但把一个三四岁的孩子放在电脑前也有潜在的危险。如果网上的教学内容需要孩子们掌握一定的绘画或者识字技能才能完成，而在孩子们暂时还没有掌握时将会让他们产生紧张、恐惧和厌学的心理。因此要进行适当的限制，同时也有助于避免让儿童在网上看到不适宜他们看到的东西。另外，还要注意网上教育的进度一定要和孩子心智发展的阶段相一致。除了网上的内容，会对儿童产生很重要的影响外，使用计算机和网络的环境与习惯，也会对儿童的身体健康和心理健康产生有很重要的影响。这一点，照顾儿童的人需要予以注意。

如何为儿童建构一个健康绿色的网络学习与游戏环境

Q: 怎样使用计算机和网络才能够保障儿童的身体健康？选择什么样的网站或者说学习内容，对儿童的成长有积极的作用？

A: 在使用计算机和网络的时候，要从多方面加以注意。要让孩子身体处于自然姿态，身体处于自然状态能够最大程度的减少关节、肌肉和骨骼承受的压力，这也是最舒服的一种姿态。但是无论姿势是如何正确，长时间处于单一姿势都是对健康有害的。应该指导儿童经常调整姿势，避免身体疲劳。显示器太远或太近会导致

儿童偏离正确的身体姿态，还非常容易引起眼睛疲劳。选择一个适当的距离，确保能清楚地看到显示器上的内容的同时还能保持身体的自然姿态是必要的。一般来讲，眼睛和显示器的合适距离在50cm－100cm之间。不当的观看角度将导致颈部肌肉的受力不均，长期的受力不均会导致疲劳和疼痛。所以应保证显示器在孩子的正前方，左右不超过35度。

调整座椅和桌面高度，以获得一个自然的身体姿态。肘部与键盘在同一高度，肩部放松，手腕不要向上或向下弯曲。如桌面和座椅高度不可调整，可考虑安装使用键盘托，但要确保大腿有足够的活动空间。将键盘置于合适的距离，保证前臂水平，肘部成近90度夹角。选择符合人工力学设计的鼠标产品，根据手掌大小选择抓握舒适的鼠标。鼠标的灵敏度设置应该使手部保持在一个自然、舒适的范围内，无须手腕的过度扭曲和手臂的移动即可实现对全屏的控制。

除了需要帮助儿童掌握正确操作计算机的各种要素外，还要特别关注儿童浏览、观看的内容。互联网是一个巨大的信息空间，里面的信息良莠不齐，存在着很

多不适合儿童观看的，不利于其身心健康发展的内容，家长要避免儿童接触此类内容。家长可以帮助孩子选择一些专门为儿童提供内容与服务的网站。这类网站以为儿童和家长提供优质内容和服务为主旨，注重内容的教育性、科学性、趣味性和艺术性，较少或者基本不涉及商业广告。当然，使用这样的网站通常需要家长支付一定的费用。给孩子选择一个纯净健康的网络环境，让孩子看到大量有利于促进其知识积累、能力提升、社会性发展的具有积极正向价值的优质内容，对于家长来说，支付一定的费用是很值得的，有什么比孩子的成长与发展更重要的呢！

怎么能让孩子自己的事情自己做呢?

Q: 孩子事事依赖家长，怎么能让孩子自己的事情自己做呢？

A: 多种原因的作用，导致现在的孩子自理能力比较差。

常见表现

习惯于"衣来伸手，饭来张口"；遇到困难不想自己解决，总依赖父母的帮忙；不敢自己独自在家，非要有人陪伴才行。

具体场景

情景一：由于父母的原因，宁宁从小就是一个衣来伸手、饭来张口的孩子，父母对她疼爱有加，从来不让宁宁做任何家务，以致宁宁的自理能力非常差。有一次，妈妈给宁宁带了一个熟鸡蛋去幼儿园，可是由于不会剥蛋壳，鸡蛋没吃成，宁宁又给带回家来了。

情景二：更让父母担忧的是，宁宁已经4岁了，可是连穿衣服、脱衣服这种简单的事情都不会做，每次都得让父母来帮忙。

情景三：在幼儿园里，宁宁经常因为生活自理能力差而遭到其他小朋友的嘲笑。有一次，吃饭的时候，宁宁又打翻了碗，小朋友们都嘲笑她。

情景四：课前准备，老师会发现一些孩子的没有带图画本，问他们为什么不带，他们说，"妈妈没给我带""爸爸没给我带"。

原因

1. 3岁儿童身体和手的基本动作比较协调，也有了自理的愿望，有些父母却常常忽略幼儿的这种愿望，一切包办代替。例如：很多老人生怕孩子冻着、饿着、累着，他们会帮孩子包办很多事情。经常能看到放学后，小孩还没跨出学校大门口，老人就一把把书包拿过去。

2. 父母忙，赶时间，很少给孩子时间和机会锻炼自理能力。例如：有的父母说："特别是早上，争分夺秒的，穿衣服、洗漱、吃早饭，出门前抢时间，哪里有空等小孩慢吞吞地穿鞋系鞋带？"

3. 有些家长缺少正确、有效的教育方法。他们在面对孩子需要鼓励帮助时，采取的是一种怪罪、指责、批评的方式，有的甚至会采取暴力打骂的方法，严重伤害了孩子的自信心和自尊，从而阻碍了孩子自理能力的发展。

正确态度

作为父母，应树立科学的教育观念，充分认识培养幼儿自理能力的重要性和迫切性。

解决思路

1. 通过形象生动的故事，来强化幼儿的自理意识。故事对幼儿有着无穷的吸引力，可以经常为幼儿播放一些关于自理的动画片，或讲述一些相关的小故事。

2. 在日常生活中，有意识地给幼儿分配一些小任务。幼儿虽小，但是我们不能低估他们做事的能力，应放手让他们做一些力所能及的事情。例如：协助父母一起分小盘、分小勺，餐后帮助收拾桌子。

3. 循序渐进，提高幼儿生活自理的要求。在幼儿获得初步的生活自理技巧后，要循序渐进逐步提高幼儿做事的质量和速度。例如从能穿好衣裤到穿得迅速、整齐，但不可奢求一步到位。

如何从儿童行为细节处见习惯养成情况？

Q: 一位妈妈说，她家的宝宝3岁了，玩完了玩具从来不收拾，这么大了还总吵着让大人喂饭，晚上没完没了地看动画片，饭前便后总要大人提醒才去洗手，在幼儿园里上课的时候总是东看西看不认真听讲……带这样的宝宝简直太累了！面对这样棘手的情况，怎么办呢？

A: 这个宝宝是很调皮，看起来是他还没有形成一些良好的习惯。儿童在成长的过程中，可能会出现各种各样的坏习惯，有的生活自理能力差，有的任性自大，有的爱捉弄人，有的甚至以自己的行为危害他人、损坏财物为乐趣。面对这许多问题，家长应该适时采取不同的办法加以解决，才能达到最好的效果。习惯是一个人不可不重视的个性内容，因为习惯的好坏直接影响到小孩能否健康成长，好坏习惯都有巨大的力量。孩子在某种行为中获得了成就感或者幸福感，就会不断地重复这种行为，久而久之就会形成习惯。好习惯在于养成，少年若天成，习惯成自然。

孩子特别黏家长，与小朋友不合群怎么办？

Q： 孩子特别黏家长，与小朋友不合群怎么办？

A： 现在，不合群现象发生在很多孩子的身上。

常见表现

怕生，初入幼儿园，对陌生的环境感到害怕；优越感，因家中条件优越，感觉自己与众不同，不愿意与条件不如自己的小朋友一起玩；不遵守游戏规则，在幼儿园中，要求得不到满足，闹情绪，不与其他小朋友玩；娇惯，在家被娇宠惯了，一切以"我"为中心。

具体场景

情景一：我女儿都快4岁了，哪儿都好，就是太"独"了，不爱和小朋友一起玩。

情景二：我的孩子见到长辈或别的小朋友不爱打招呼，总躲。

情景三：我那儿子更出格，在幼儿园里不是招这个，就是惹那个，弄得别的小朋友都不跟他玩，老师还经常找我们家长谈话，真是没面子。

原因

1. 家庭氛围影响。比如父母关系不和、争吵不断，或父母长期不在家，缺少亲子交流等。这样的家庭环境极易导致幼儿产生心理压抑。孩子渴望交往但又不敢与其他小朋友交往，害怕遭到拒绝，长此以往极易形成自卑、孤僻、消极的内向性格。

2. 有的幼儿在家中较活跃，在集体中却不声不响，那多半是因幼儿在集体中感到自己不如同伴，因而丧失了自信心，遇事退缩。

3. 有的幼儿太调皮捣蛋，而被小朋友排斥。

4. 不良的养育方式，如过分溺爱孩子，总认为"只有"自己的孩子是最棒的，形成了幼儿"虚高"的自我评价；随意训斥、打骂幼儿，给幼儿的生活带来阴影。溺爱和"虚高"的自我评价极易使幼儿形成自我中心、过度依赖、倔强、适应能力差等习性，过度训斥、打骂孩子，易造成孩子自卑、孤僻、消极等。从而使幼儿缺乏交往动机，以致不愿与人交往。

正确态度

造成幼儿不合群的原因很多，要针对原因找出纠正、教育的措施。

解决思路

1. 结对子，找玩伴。对性格内向的已经上幼儿园的幼儿，父母可利用入园和离园时间，让幼儿认识本班的一个或者几个小朋友，互相介绍后，鼓励孩子们在一起，拉拉手，玩一玩。对于还没有上幼儿园的幼儿，要尽量找一些熟悉的小朋友跟幼儿玩，培养其群体意识。

2. 对自信心缺乏的宝宝，发现和利用幼儿某一长处，让幼儿在某些与小朋友在一起的活动中显示出来，当幼儿受到成人和同伴的赞扬时，便会有信心，也能与同伴自在地相处了。

3. 对在幼儿园被其他小朋友排斥的宝宝，父母可以积极同教师沟通，通过教师的正面引导，改善幼儿们之间的关系，如在上课时特意安排两个小朋友一起活动，做游戏，幼儿间的关系就会逐渐变得亲密起来。

4. 阅读能够培养孩子社会性品质的故事书，借助书中人物的成功"案例"激发孩子的交往兴趣。

5. 培养相关技能，提高幼儿的自信。幼儿具有从众心理，喜爱模仿，易崇拜有本领的人。因此，提前教会孩子一些"绝活"，如拼装模型、折纸、剪纸、歌曲、童谣等，就会增强他们对其他孩子的吸引力。

6. 创造机会，让孩子在情境中学会

交往。比如让孩子多参加幼儿园和社区组织的集体活动。

孩子缺乏自我保护能力，如何应对这个问题？

Q： 孩子缺乏自我保护能力，如何应对这个问题？

A： 据调查统计表明，某地区幼儿出现意外事故率占某区幼儿总数的 11.7%，其中车祸占 0.1%，跌伤、摔伤导致骨折的占 5.7%，扎伤、烧伤、烫伤、异物、溺水等其他意外伤害事故占 6.4%。以上数据足以表明，如何加强安全教育，培养幼儿自我保护能力是一项亟待解决的重要问题。

常见表现

在人际交往中，不知道怎么和小朋友相处，面对被打被骂的情形手足无措。

日常生活中，发生扎伤、烧伤、烫伤、异物、溺水等其他意外伤害事故。

具体场景

情景一：我家宝贝近 4 岁了，上幼儿园小班。在幼儿园里有小朋友欺负他，他不知道告诉老师，也不会保护自己，并且与那些不熟悉的人，比如与其他班的小朋友在一起，他融入不到他们之中。

情景二：我家的宝宝胆子特别小，自我保护意识差。小朋友抢她的玩具，不知道要回，别的小宝宝打她，也不知道告诉老师。记得一次，她一个人在玩玩具，一个小朋友来拿她的玩具，她大喊不让拿，就被那个小朋友掐了一下，痛得大哭，躺在我怀中，不敢去拿回自己的玩具，也不敢和那个小朋友玩。

原因

1. 幼儿预见性差，又缺乏安全意识，致使自我保护能力差。加上有些幼儿家长，由于自身素质、文化水平、教养习惯等的不足，不能对幼儿进行良好的教育引导，让幼儿缺乏安全意识。

2. 幼儿能力和体力都十分有限，动作的灵敏性和协调性较差，又缺乏生活经验，因此，幼儿常常不能清楚地预见自己行为的后果，往往会引发危险情况，对突发事件不能做出准确的判断。当处于危险之中时，也缺乏保护自己的能力。

正确态度

家长绝对不能代替孩子解决人际冲突，但可站在旁观者的角度对孩子因势利导。在引导孩子时，要注意不能让孩子能忍则忍，那会让孩子变得懦弱无能；也不能鼓励孩子以暴制暴，以牙还牙，那会助长孩子的暴力倾向。

针对日常生活中存在的危险因素，要注意培养幼儿的安全意识与自我保护的技能与技巧。

解决思路

1. 与人交往中，对孩子要因势利导，循循善诱。重点是精神上的鼓励和技巧上的引导。比如：当孩子的积木被抢时，仔细观察孩子在被抢后的表现。假如孩子很平静，又拿起另一个玩具玩了，事后表扬孩子，懂得退让是懂事的表现；然后启发孩子，如何化被动为主动。比如下次玩的时候，看到那个小朋友也喜欢这块积木，不等他抢，就主动让给他，努力跟他做好朋友。

2. 良好的生活习惯与自我保护教育是紧密结合、相辅相成的。例如：鞋带系得牢固可避免跌倒摔伤，吃饭不嬉笑打闹可避免气管进异物等。

3. 家长平常要注意向幼儿灌输基本的安全知识。如教育幼儿不能将细小物品放入口、鼻、耳中；教幼儿在雷雨时不在大树下、墙檐下避雨，以免被雷击；不从较高的物体上向下跳，以免摔伤……

4. 将自我保护的学习内容融入游戏之中，让幼儿在轻松、愉快的气氛中接受教育，增强自我保护的意识，掌握自我保护的方法。家长应教会孩子拨打"120""110""119"等救急电话。如发生火灾时，拨打火警电话"119"，讲清楚什么地方发生了火灾；或打电话通知大人，并且想方设法离开现场；或大声呼救等。

5. 通过卡通片，讲故事等，让孩子知道面对欺负时如何处理，怎样正面解决问题，如何进行自我保护等等。

更多精彩内容，请访问贝瓦网（www.beva.com）。

参考文献

① 林崇德（主编）. 发展心理学 ［M］. 北京：人民教育出版社，2011

② ［美］Laura E. Berk. 发展心理学 ［M］. 北京：北京师范大学出版社，2006

③ 陈国媚，姜勇. 幼儿教育心理学 ［M］. 北京：北京师范大学出版社，2009

④ 方富熹，方格. 儿童发展心理学 ［M］. 北京：人民教育出版社，2008

⑤ 朱家雄，胡娟. 学前教育课程 ［M］. 上海：华东师范大学出版社，2005

⑥ 彭聘龄. 普通心理学 ［M］. 北京：北京师范大学出版社，2009

⑦ 桑标. 当代儿童发展心理学 ［M］. 上海：上海教育出版社，2009

⑧ 梁志燊. 幼儿好行为养成指导手册 ［M］. 北京：北京师范大学出版社，2007

⑨ 幼儿园快乐与发展课程组. 幼儿园快乐与发展课程 ［M］. 北京：北京师范大学出版社，2010

⑩ 赵寄石，唐淑. 幼儿园渗透式领域课程 ［M］. 南京：南京师范大学出版社，2009

⑪ 张明红. 学前儿童社会教育. ［M］上海：华东师范大学出版社，2008

⑫ 林琳，朱家雄. 学前儿童美术教育 ［M］. 上海：华东师范大学出版社，2006

⑬ 刘占兰. 学前儿童科学教育. ［M］北京：北京师范大学出版社，2011

⑭ 祝士媛. 学前儿童语言教育［M］. 北京：北京师范大学出版社，2011

⑮ 王懿颖. 学前儿童音乐教育［M］. 北京：北京师范大学出版社，2011

⑯ 黄瑾. 学前儿童音乐教育［M］. 上海：华东师范大学出版社，2010

⑰ 李生兰. 学前教育学［M］. 上海：华东师范大学出版社，2009

⑱ 鲁道夫·谢弗（著），杨汉麟（译）. 罗素论教育［M］. 北京：人民教育出版社，2009

⑲ 吴国胜（著）. 科学的历程（上下）［M］. 北京：北京大学出版社，2009

⑳ 周念丽. 0—3岁儿童多元智能评估与培养［M］. 上海：华东师范大学出版社，2010

㉑ 华夏. 学前儿童音乐教育与活动设计［M］. 北京：北京大学出版社，2010

㉒ 许卓娅. 学前儿童艺术教育［M］. 上海：华东师范大学出版社，2008

㉓ 罗素（著），杨汉麟（译）. 罗素论教育［M］. 北京：人民教育出版社，2009

㉔ 余震球（选译）. 维果茨基教育论著选［M］. 北京：人民教育出版社，2007

㉕ 乔·L. 弗罗斯特（著），唐晓娟，张胤（译）. 游戏和儿童发展［M］. 南京：江苏教育出版社，2011

㉖ 玛利亚·蒙台梭利. 儿童教育手册［M］. 北京：中国发展出版社，2007

㉗ 玛利亚·蒙台梭利. 童年的秘密［M］. 北京：中国发展出版社，2007

㉘ 姚伟（主编）. 中外幼儿教育名著解读［M］. 南京：南京师范大学出版社，2011

㉙ 张启福（主编）. 大师谈儿童能力培养［M］. 南京：重庆师范大学出版社，2009

㉚ 周宏（主编）. 大师谈启蒙教育［M］. 南京：重庆师范大学出版社，2010

㉛ 赵忠心. 家庭教育学［M］. 北京：人民教育出版社，2009

㉜ 石大胜. 美国儿童早期阅读教学研究［M］. 北京：北京师范大学出版社，2011

㉝ 陈晖. 阅读世界儿童文学经典［M］. 北京：北京师范大学出版社，2011

㉞ 唐西胜（主编）. 大师谈儿童习惯培养［M］. 南京：重庆师范大学出版社，2010

㉟ 美国科学教育目标［M］（资料来源：互联网）

㊱ 澳大利亚幼儿园科技课程［M］（资料来源：互联网）

㊲ 英国科学教育目标［M］（资料来源：互联网）

㊳ 施良方. 学习论 [M]. 北京：人民教育出版社，2010

㊴ [美] 唐纳德·A. 诺曼. 设计心理学 [M]. 北京：中信出版社，2012

㊵ [美] 唐纳德·A. 诺曼. 设计心理学 2－如何管理复杂 [M]. 北京：中信出版社，2012

㊶ [苏] A. M. 列乌申娜. 学前儿童初步数概念的形成 [M]. 北京：人民教育出版社，1982

㊷ 朱智贤. 儿童心理学 [M]. 北京：人民教育出版社，1980

㊸ 詹万生. 当代家庭教育新理念 [M]. 北京：光明日报出版社，2003

㊹ J. 皮亚杰. 儿童心理学 [M]. 北京：商务印书馆，1981

㊺ 吴式颖. 外国教育史教程 [M]. 北京：人民教育出版社，2006

㊻ 董琦. 心理与教育研究方法 [M]. 北京：北京师范大学出版社，2010

㊼ 侯玉波. 社会心理学 [M]. 北京：北京大学出版社，2011

㊽ 王炳照等. 简明中国教育史 [M]. 北京：北京师范大学出版社，2007

㊾ [英] 安德斯·汉森等（著）. 大众传播研究方法 [M]. 北京：新华出版社，2004

㊿ 朱立元（主编）. 当代西方文艺理论 [M]. 上海：华东师范大学出版社，2003

51 斯蒂芬·李特约翰（著）. 人类传播理论 [M]. 北京：清华大学出版社，2004

52 [美] 沃纳·塞弗林. 传播理论起源、方法与应用 [M]. 北京：华夏出版社，2000

53 [澳] 马尔科姆·沃特斯. 现代社会学理论 [M]. 北京：华夏出版社，2000

54 黄济，王策三. 现代教育论 [M]. 北京：人民教育出版社，2006

55 董小平. 儿童发展指标体系建构的理论基础 [J]. 当代青年研究，2010（11）

56 徐浙宁. 中国与欧美儿童健康指标体系比较. 中国青年研究，2008（09）

57 王琳，石淑华，舒涛. 我国0－6岁儿童忽视影响因素指标体系构建 [J]. 中国妇幼保健，2011（13）

58 李敏谊，霍力岩. 国际学前教育指标体系构建的新趋势 [J]. 比较教育研究 2009（12）

59 刘新亮. 构建儿童发展评价指标体系的研究 [J]. 中国卫生经济，2009（04）

⑥ 陆敏，郭进勇. 中西方教育视野下之儿童观比较 [J]. 当代教育论坛，2012（04）

⑥ 单中惠. 西方现代儿童观发展探究 [J]. 清华大学教育研究，2003（08）

⑥ 李娟娟. 西方儿童观的发展 [J]. 光明日报，2011－7－12

⑥ 任永泽. 我们现代需要什么样的儿童观 [J]. 现代教育论坛，2010（04）

⑥ 杨朝军. 人性视角下的儿童观及其现实意义 [J]. 内蒙古师范大学学报，2010（12）

⑥ 周觅. 皮亚杰与维果茨基儿童观比较研究 [J]. 教学与管理，2012（27）

⑥ 陈冬兰. 老庄的儿童观 [J]. 湖南科技学院学报，2012（01）

⑥ 尹维祖. 关键在于确立科学的儿童观 [J]. 山西日报，2011 年 12 月 12 日

⑥ 张喜阶，伍双梅. 对杜威"儿童观"的认识及其对教学的启示 [J]. 基础教育，2011（7）

⑥ 王海英. 20 世纪中国儿童观研究的反思 [J]. 华东师范大学学报，2008（6）

⑦ 雷静，谢光勇. 近十年来我国生命教育研究综述 [J]. 教育探索，2005（04）

⑦ 许世平. 生命教育及层次分析 [J]. 中国教育学刊，2002（08）

⑦ 苏海针. 生命教育内涵之综述 [J]. 继续教育研究，2008（03）

⑦ 冯建军. 生命教育实践的困境与选择 [J]. 中国教育学刊，2010（01）

⑦ 冯建军. 生命教育与生命统整 [J]. 教育理论与实践，2009（08）

⑦ 徐秉国. 英国的生命教育及启示 [J]. 教育科学，2006（08）

⑦ 刘茂军. 因材施教原则对创新教育的启示 [J]. 当代教育论坛，2008（05）

⑦ 苏春景，毛月明. 因材施教新探 [J]. 天津市教科院学报，2005（12）

⑦ 秦旭芳. 因材施教新阐释 [J]. 学前教育研究，2003（04）

⑦ 张颖. 因材施教——教育教学的经典原则 [J]. 山东教育学院学报，2003（01）

⑧ 王本洋，罗富和. 以人为本与因材施教的探讨 [J]. 中国林业教育，2010（01）

⑧ 熊宜勤. 实施因材施教的理论与实践——学习风格与教学策略的研究 [J]. 广西高教研究，2000（10）

⑧ 刘春梅. 孔子因材施教思想探微 [J]. 河南工业大学学报（社会科学版），2006（03）

⑧ 丁耀明. 孔子因材施教教育思想分析 [J]. 广西民族学院学报（哲学社会科学版），

2002（11）
84 梁秋英，孙刚成．孔子因材施教的理论基础及启示［J］．教育研究，2009（11）
85 李爱梅，陈宁．和谐教育理念下的因材施教策略［J］．内蒙古师范大学学报（教育科学版），2009（02）
86 贺世泉，黎明．关于对“因材施教”原则的思考［J］．长沙铁道学院学报（社会科学版），2005（03）
87 蒯义峰．从理论依据和实践方法谈孔子的因材施教理论［J］．河北建筑科技学院学报（社会科学版），2005（12）
88 张如珍．“因材施教”的历史演进及其现代化［J］．教育研究，1997（09）
89 麻彦坤，叶浩生．维果茨基最近发展区思想的现代发展［J］．心理发展与教育，2004（02）
90 袁平，刘荣．维果茨基最近发展区理论研究［J］．科技信息，2008（10）
91 王慧．试论维果茨基“最近发展区”理论的现代教学启示［J］．井冈山学报（哲学社会科学版），2006（07）
92 李曼丽．智能材料在儿童产品设计中的体现［J］．工业设计，2011（1）
93 叶荣芳．细节决定成败——浅谈动漫衍生产品开发中的设计细节［J］．包装世界，2010（09）
94 邵卡，潘祖平．未来学前期儿童产品开发走向分析［J］．包装工程，2010（02）
95 罗碧娟．探析儿童产品的色彩设计［J］．包装工程，2008（01）
96 陈旭．数字环境下的产品设计表达［J］．桂林电子工业学院学报，2005（08）
97 黄卫星．全球视野中的产品设计走向［J］．美术学报，2010（02）
98 沈晓琳．论产品设计中玩具文化发展趋势［J］．现代商贸工业，2009（04）
99 李丹．基于心理学理论的学龄前玩具的艺术创新设计［J］．长春大学学报，2010（03）
100 曹巨江，程金霞．基于消费者层次的产品设计接受［J］．包装工程，2007（02）

⑩ 韩璐. 基于认知发展阶段论的儿童智力产品设计策略 [J]. 大众文艺，2012（03）

⑩ 马佳博. 基于情感体验的儿童多媒体娱乐产品设计 [J]. 美术大观

⑩ 赵华. 基于最近发展区理论的婴儿产品设计原则浅析 [J]. 设计艺术研究，2012（02）

⑩ 刘玮，郝华奇 张锡. 儿童心理及儿童玩具设计 [J]. 2004 年工业设计国际会议论文集 [C]

⑩ 陈小美. 儿童玩具优化设计的心理学研究 [J]. 中国商界，2010（04）

⑩ 张阿维，黄林诗，田保珍，乔女. 儿童产品设计中卡通文化的应用 [J]. 艺术与设计，2007（07）

⑩ 梁宝珍，朱键. 儿童产品设计思路与实例 [J]. 经营与管理，2012（10）

⑩ 罗碧娟. 儿童产品的人性化设计 [J]. 包装工程，2006（02）

⑩ 刘曼曼. 动物形象在儿童用品设计中的特殊地位极其原因 [J]. 艺术探索，2009（02）

⑩ 王玲. 传统儿童游戏与产品设计思维 [J]. 艺术教育论坛，2009（02）

⑪ 邵华冬. 2005－2006 年广告主儿童用品市场营销推广运营全报告 [J]. 焦点，2005（05）

⑪ 况宇翔. 4－5 岁儿童产品设计研究 [J]. 内江科技，2007（01）

⑪ 朱肖川. 远程独立条件下计算机多媒体教学课件设计思路 [J]. 重庆广播电视大学学报 2002（04）

⑪ 胡奇光，李正华. 用 Flash 设计基于 Web 的多媒体课件 [J]. 计算机时代，2004（01）

⑪ 李康，孔维宏. 现代教育信息资源开发思想探析 [J]. 电化教育研究，2007（06）

⑪ 张有录. 试论多媒体课件设计的十大原则 [J]. 教育探索，2003（10）

⑪ 李永健，何克抗. 认知工具——一种以多媒体计算机为基础的学习环境教学设计的新思路 [J]. 北京师范大学学报（社会科学版），1997（02）

⑪ 陈瑛琦. 浅谈多媒体课件设计的基本要求 [J]. 现代教育科学，2001（01）

⑲ 廖金辉. 基于建构主义理论的多媒体课件设计研究 [J]. 湖南学院学报, 2006 (04)

⑳ 黄晓生, 李晓琴. 基于多模态学习理论的多媒体课件设计 [J]. 南昌高专学报, 2011 (04)

㉑ 王英豪. 多媒体学习的认知理论指导下的课件设计 [J]. 现代教育科学, 2007 (06)

㉒ 费建国, 张兰芳. 多媒体课件的应用分类与设计原则 [J]. 西南林学院学报, 2004 (12)

㉓ 杨彬. 多媒体课件的设计与制作 [J]. 辽宁行政学院学报, 2006 (01)

㉔ 林众, 冯瑞琴. 多媒体教学中的知识建构 [J]. 教育科学, 2007 (04)

㉕ 黄金龙. 多媒体课件的传播特性与设计原则 [J]. 青海大学学报 (自然科学版), 2006 (06)

㉖ 张筱兰. 多媒体教学设计中的心理规律 [J]. 多媒体世界 (自然科学版) 1999 (02)

㉗ 张培芝. 多媒体教学软件的教学设计方式探讨 [J]. 改革与开放 (自然科学版), 2009 (08)

㉘ 陈喜丹, 张静. 当代多媒体教学视阈下的教学设计观 [J]. 心智与计算, 2009 (12)

㉙ 陈喜丹, 张静. 创新性学习课件若干设计原则的探讨 [J]. 中国电化教育, 2006 (03)

㉚ 罗碧. 中美儿童网站比较研究 [J]. 青年记者, 2011 (01)

㉛ 李舒. 战略视角下的儿童社交网站市场分析——以《摩尔庄园》为例 [J]. 今传媒, 2011 (06)

㉜ 马毓. 提高我国大陆儿童网站信息可理解性的建议 [J]. 情报检索, 2010 (07)

北京师范大学教育学部

简介

百年峥嵘、风雷激荡，历代名师先贤矢志不渝，使教育事业成为国家独立与自强的基石；世纪之交、继往开来，教育学人更应奋发图强，为实现中华民族的伟大复兴再立千秋功业。秉承这种勇于担当的责任心与使命感，北京师范大学解放思想、创新机制、整合资源、凸显特色，以建设世界一流教育学科为战略目标，将原有教育学科相关单位加以整合，于2009年组建了教育学部。教育学部的愿景是将北京师范大学教育学科建设成为中国教育创新的重要策源地，高素质教师的培养基地，未来教育家的摇篮，教育决策的思想库，国际教育交流和中国教育文化产业的重要基地。

教育学部承载了北京师范大学教育学科的辉煌成就。该部于全国最早设立教育学硕士、博士学位授权点，最早设立教育学博士后流动站，最早拥有教育学一级学科博士学位授予权，其学科综合实力居全国领先水平。一系列具有里程碑意义的创举为教育学部的持续发展奠定了坚实的基础。秉承厚重的光荣历史，学部继承和发扬原有学科优势，着力推进学科的整合和创新，现拥有教育学一级学科国家重点学科，13个博士学位授权点，15个硕士学位授权点，5个本科专业，其中特殊教育学、教育技术学为教育学部特色专业建设点。

芝兰玉树教育研究院

简介

　　世界各国把核心竞争力和国民素质的全面提高聚焦于儿童早期教育的质量和儿童早期发展上。在这样一种国际和社会背景之下，2010 年，芝兰玉树教育研究院成立。它是一家专注于儿童健康成长与支持高品质学前教育产品研发、应用的非营利性组织，致力于搭建中国儿童教育产品品牌孵化公益平台，促进高等教育科研机构与儿童教育产品的研发、生产、推广和机构合作，将优秀教育科研成果转化为社会生产力，为儿童、家长、儿童教育系统提供高品质的学前教育产品与服务。

使命

促成技术与学术联姻，打造高品质学前教育产品与服务。

搭建中国儿童教育产品品牌孵化平台，成就"民族的就是世界的"。的品牌力量。

愿景

深度开启教育智慧，让生命更幸福，让世界更美好！

"多种媒体在学前教育中应用研究"课题组

简介

北京芝兰玉树科技有限公司（含芝兰玉树教育研究院）为了研发高品质的教育内容和教育产品，服务学龄前儿童的全面成长，并为家长教育子女提供专业的个性化的指导方案，北京师范大学教育学部为了促进理论联系实际，服务幼儿教育改革发展实践，提升教育科研和人才培养的质量与水平，经双方协商，致力于合作开展"多种媒体在学前教育中应用研究"课题科研工作。

基本理念：

关注儿童成长，为学龄前儿童及家长提供高质量的教育与服务。

课题目标和内容：

1. 构建儿童成长指标体系。

2. 基于儿童成长指标体系，规划、设计教育内容体系。

3. 研究幼儿教育方法体系。

4. 基于教育内容与方法，研究、设计和开发综合教育产品体系，包括软件、多媒体课件、教材和教具等。

186

5. 合作构建幼儿教育产品评价体系。

6. 共同举办"关注儿童成长与教育"的理论研讨会、沙龙、论坛、峰会等。

7. 探索儿童多媒体教育产品设计行业标准。

课题组人员组成：

项目策划　　顾定倩　张京彬　杨　威

组　　　长　霍力岩　杨　威

副 组 长
秘 书 长　　朱文英

成　　　员　祝士媛　刘美凤　李晓巍　万　鈁　王　雁　洪秀敏　李敏谊

韦小满　朱京曦　郑葳温　洪　博　齐晓恬　余海军　姜珊珊

孙　冰　冯　景　郑　艳　高宏钰　罗　丽　张晨辉　华春沁

鲁晓艳　李　程　王　丽　毕中情　董丽丽　李　璐　翁宁娟

王胜男　胡雯璟　陈智敏　王宝慧　温娇娇　马占潮　刘　伟

李少林　龚菲菲

《中国（0—6岁）儿童成长指标体系》科研项目组

简介

　　为促成技术与学术联姻，促进学前教育科学研究与成果转化，普惠当代中国儿童与家长，通过校企合作通道，2010年始，北京师范大学教育学部与北京芝兰玉树科技有限公司建立战略合作关系。经过双方协商，成立"多种媒体在学前教育中应用研究"课题组，下设关联子课题，以科研项目合作方式进行具体运作。课题组顾问为庞丽娟教授，课题组组长为霍力岩教授、杨威，课题组副组长兼秘书长为朱文英，组成人员为北京师范大学教育学部各学院的教授、副教授、讲师、博士生、硕士生和芝兰玉树教育研究团队成员。北京师范大学教育学部·芝兰玉树教育研究院《中国（0—6岁）儿童成长指标体系》科研项目组，即为该战略合作科研课题之子课题科研项目组。

插画：宋雪

更多内容，请访问芝兰玉树研究院网站（www.zlysedu.org）。

编后语

　　虽然我们竭尽全力整合各方面的专业资源，希望能够尽量全面、系统地整理儿童发展阶段性特征，梳理各个年龄段、各个领域中儿童成长发展指标，但是，在这个特定的时间段内，受到可接触、使用的参考文献的制约，以及团队成员能力结构的影响，致使我们不能做到理想中的那么完美。请大家包容这个版本指标体系的不够尽善尽美，同时，也希望大家能够积极地给予继续完善的意见与建议。

　　儿童的成长是立体的、全方位的，因此对儿童发展阶段性特征的挖掘以及对儿童成长发展指标的梳理，也是一个没有尽头的工作。"中国（0—6岁）儿童成长指标体系"只是一个阶段性成果，随着对教育理解的深入，相关知识与经验的积累，我们将继续对其进行修订与完善，预期每隔3—5年对该儿童成长指标体系进行一次修订和完善。希望社会各界关心和有志于儿童教育事业的同仁积极参与其中，共同完善"中国（0—6岁）儿童成长指标体系"。

编　者